Herbert Hintner / Terra Institute

Kochen kann verändern

Herbert Hintner / Terra Institute

Kochen kann verändern

Besser kochen – nachhaltig einkaufen

Mit Fotos von Frieder Blickle

Folio Verlag Bozen – Wien

HERBERT HINTNER, 1957 geboren, kocht regionale und saisonale Köstlichkeiten in seinem seit 1995 durchgehend mit einem Michelinstern ausgezeichneten Restaurant „Zur Rose" in Eppan/Südtirol. Sein Buch *Meine Südtiroler Küche* (Folio) wurde bei der Verleihung der „Gourmand World Cookbook Awards" zum „Best Mediterranean Cuisine Book of the World" gekürt.
www.zur-rose.com

TERRA INSTITUTE, 2009 in Brixen von Evelyn Oberleiter und Günther Reifer gegründet, ist ein Kompetenzzentrum für Innovation und Zukunftsfähigkeit von Wirtschaft und Gesellschaft. Terra berät und begleitet Unternehmen unterschiedlicher Größe und Branche im Bereich nachhaltige Unternehmensstrategien, neues Entrepreneurship und bei der Entwicklung „guter" Produkte.
www.terra-institute.eu

FRIEDER BLICKLE, geboren 1956 in Oberschwaben. Studium an der FH Dortmund bei Prof. U. Mack, seit 1980 Fotoreporter. Als freier Fotograf arbeitet er für Unternehmen bzw. Medien, u. a. für ERCO, Lufthansa, *ALPS*, *Die Zeit*, *Der Feinschmecker*. Bei Folio erschien *Schneemilch und Pressknödel* (2015, gemeinsam mit Isolde von Mersi) und gemeinsam mit Herbert Hintner *Meine Südtiroler Küche* (2011) und *Meine neue Südtiroler Küche* (2013).
www.friederblickle.de

Herausgegeben mit freundlicher Unterstützung der Abteilung Deutsche Kultur der Autonomen Provinz Bozen – Südtirol

AUTONOME PROVINZ BOZEN SÜDTIROL · PROVINCIA AUTONOMA DI BOLZANO ALTO ADIGE

Deutsche Kultur

1. Auflage 2017
© Folio Verlag, Wien – Bozen
Redaktion: Klaus Egger, Herbert Hintner, Günther Reifer, Claudia Ricci und Martin Thaler
Druckvorbereitung: Typoplus, Frangart
Grafik und Umbruch: no.parking, Vicenza
Lektorat: Kathrin Kötz und Joe Rabl
Printed in Europe
ISBN 978-3-85256-731-0

WWW.FOLIOVERLAG.COM

Kern und Umschlag:
Gedruckt auf zertifiziertem Papier aus nachhaltiger Waldnutzung

FSC
www.fsc.org
MIX
Papier aus verantwortungsvollen Quellen
FSC® C014138

Umschlag:

EKOenergie

Inhalt

*Klaus Egger, Martin Thaler, Claudia Ricci, Frieder Blickle,
Herbert Hintner, Günther Reifer mit Sohn, Hermann Gummerer*

Vorwort

Kochen und Essen stehen für Lebensfreude, Gemeinsamkeit und Genuss. Was könnte dies besser verkörpern als ein Kochbuch, das zum Nachdenken, zum Umdenken und zu einem neuen Kauf- und Konsumverhalten einlädt; ein Kochbuch, das informiert, Genuss neu definiert und um die Komponenten der ökologischen und sozialen Nachhaltigkeit ergänzt.

Uns geht es darum, aufzuzeigen, dass Kochen viel mehr ist als reines Zubereiten von Lebensmitteln. Mit den täglichen Kaufentscheidungen für oder gegen ein bestimmtes Lebensmittel können wir beeinflussen, wen wir in welcher Form unterstützen und welche Werte wir fördern. Kochen steht am Ende einer der wichtigsten Produktionsketten der globalen Gesellschaft und hat einen erheblichen Einfluss auf die Entwicklung unseres Planeten. Eine nachhaltige Küche ist nicht nur für das Klima gut, sondern trägt auch bei zu mehr sozialer Gerechtigkeit, fairen Wirtschaftsbeziehungen und gesunder, hoher Lebensqualität.

Dieses Thema wollen wir durch hochwertige regionale, saisonale und genussvolle Rezepte in die Küche bringen und hierfür ein neues Bewusstsein schaffen.

Ihre Herbert Hintner und Günther Reifer

Herkunft,
Regionalität
und Saisonalität

Ressourcenverbrauch
und Klimaschutz

1

7

2   Gesundheit

Soziale
Gerechtigkeit
und faire
Preise

6

3

Nachhaltige
Landwirtschaft

5

4

Vielfalt und
Diversität

Öko-Effektivität und
Kreislaufwirtschaft

NACHHALTIGE ERNÄHRUNG

Nachhaltigkeit bedeutet, „die Bedürfnisse der heutigen Generation zu befriedigen, ohne die Möglichkeiten künftiger Generationen zur Befriedigung ihrer eigenen Bedürfnisse zu beeinträchtigen". (Brundtland-Bericht, 1987).

In diesem Sinne erscheint unser derzeitiges Ernährungsverhalten als wenig nachhaltig: Weltweit werden zu viel Fleisch- und Tierprodukte sowie übermäßig verarbeitete Produkte verzehrt, die Meere sind überfischt, die Arbeitsbedingungen in der Lebensmittelindustrie oft sehr schlecht, der Preis von Lebensmitteln entspricht nicht ihren tatsächlichen Kosten für die Umwelt und die Gesellschaft. Als Konsumenten können Sie durch alltägliche kleine Handlungen einen wichtigen Beitrag zur Nachhaltigkeit leisten, insbesondere im Bereich Ernährung und Kochen.

Ernährung hat einen wesentlichen Einfluss auf den Klimawandel. Laut unterschiedlichen Studien ist die Ernährung weltweit für 15 bis 30 Prozent der gesamten klimaschädlichen Emissionen verantwortlich. Das ist gleich viel, wenn nicht sogar mehr als die Emissionen, die global vom Transport verursacht werden. Bevor Lebensmittel auf unserem Teller landen, durchlaufen sie einen langen Prozess: Sie werden produziert (angebaut oder gezüchtet), transportiert, gelagert, evtl. weiterverarbeitet, gekühlt, zubereitet und zum Teil weggeworfen. Jeder dieser Prozessschritte verursacht eine Menge an Emissionen, die zum Klimawandel beitragen. Wie hoch die Anzahl der Emissionen ist, hängt mit der Herkunft, der Jahreszeit, dem Produktionsverfahren, den Anbaumethoden sowie unserem Umgang mit Lebensmitteln zusammen. Lebensmittel haben nicht nur eine Auswirkung auf unsere Umwelt, sondern auch auf die Menschen als Konsumenten und Produzenten. Bewusstes Kochen bedeutet nämlich auch, jene Produkte auszuwählen, die sozial gerecht produziert werden. Schließlich spielt die Ernährung eine wesentliche Rolle für unsere Gesundheit und unser Wohlbefinden. Nachhaltiges Essen heißt auch, etwas Gutes für die eigene physische sowie psychische Gesundheit zu tun.

Um Sie dabei zu unterstützen, ökologische und soziale Nachhaltigkeit in Ihre Ernährung und Küche zu integrieren, haben wir sieben Bereiche definiert, mithilfe derer Sie Ihre Ernährungsgewohnheiten hinterfragen können:

1. Herkunft, Regionalität und Saisonalität
2. Gesundheit
3. Nachhaltige Landwirtschaft
4. Öko-Effektivität und Kreislaufwirtschaft
5. Vielfalt und Diversität
6. Soziale Gerechtigkeit und faire Preise
7. Ressourcenverbrauch und Klimaschutz

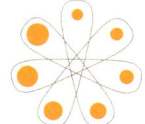

1. HERKUNFT, REGIONALITÄT UND SAISONALITÄT

Herkunft, Regionalität und Saisonalität hängen eng zusammen. Abhängig davon, ob wir beim Einkauf auf Regionalität und Saisonalität achten, haben unsere Lebensmittel unterschiedliche Auswirkungen auf die Umwelt, auf die lokale Wirtschaft sowie auf unsere Gesundheit.

REGIONALE UND SAISONALE PRODUKTE SCHONEN DIE UMWELT

Regionale und saisonale Produkte brauchen keine beheizten Gewächshäuser für den Anbau und keine weiten Transportwege. Dadurch verursachen sie weniger CO_2-Emissionen.
Die Grafik zeigt die CO_2-Emissionen von saisonalen und nicht-saisonalen (in beheizten Gewächshäusern angebauten) Produkten.

Lebensmittel, die lange transportiert werden, verursachen CO_2-Emissionen in einer Menge, die abhängig vom Transportmittel ist. Der Transport per Flugzeug ist klimaschädlicher als der Transport per Zug; am wenigsten Emissionen verursacht die Schiff-fahrt. Der Transport per Lkw ist am weitesten verbreitet und liegt beim CO_2-Ausstoß zwischen dem von Flugzeug und Bahn.

REGIONALE PRODUKTE UNTERSTÜTZEN DIE HEIMISCHE LANDWIRTSCHAFT

Durch den Kauf von regionalen und saisonalen Produkten unterstützen Sie kleinere und mittelständische Unternehmen und sichern damit heimische Arbeitsplätze. Regionale Strukturen sind in der Regel auch überschaubarer als die Strukturen großer Nahrungsmittelkonzerne. Das bedeutet mehr Transparenz sowie mehr beidseitiges Vertrauen zwischen Produzenten und Konsumenten.

REGIONALE UND SAISONALE PRODUKTE SCHMECKEN BESSER UND SIND GESÜNDER

Importierte Lebensmittel werden oft unreif gepflückt, damit sie länger haltbar sind und den Zielort auch nach einem langen Transport genießbar erreichen. Viele Vitamine und sekundäre Pflanzenstoffe bilden sich jedoch erst zum Ende des Reifungs-

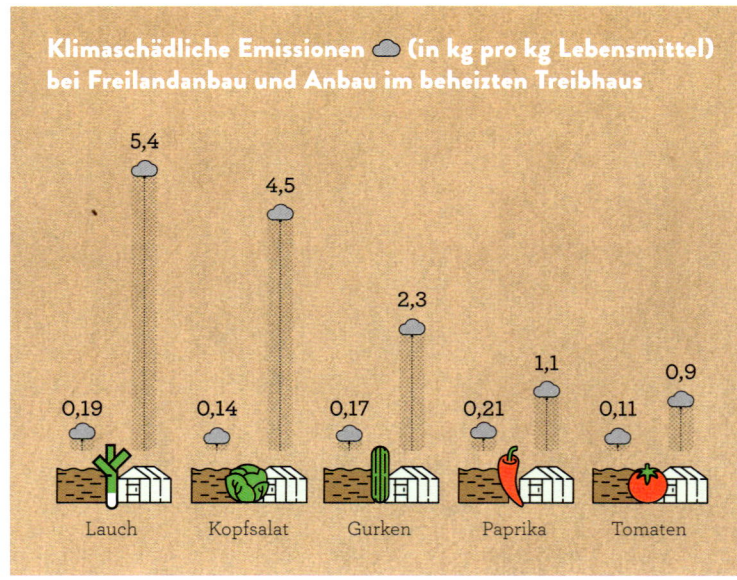

Klimaschädliche Emissionen ☁ (in kg pro kg Lebensmittel) bei Freilandanbau und Anbau im beheizten Treibhaus

	Lauch	Kopfsalat	Gurken	Paprika	Tomaten
Freiland	0,19	0,14	0,17	0,21	0,11
Treibhaus	5,4	4,5	2,3	1,1	0,9

Quelle: Niels Jungbluth: Umweltfolgen des Nahrungsmittelkonsums

prozesses. Sekundäre Pflanzenstoffe (z. B. Carotinoide und Flavonoide) erfüllen sowohl bei Pflanzen also auch bei Menschen eine Schutzfunktion. Bei Pflanzen funktionieren sie als Abwehrstoff gegenüber Schädlingen, beim Menschen haben sie u. a. antikanzerogene Wirkung.

Da sie nicht lange transportiert werden müssen, haben saisonales und regionales Obst und Gemüse

Zeit, auf dem Feld auszureifen. Damit enthalten sie nicht nur mehr lebensnotwendige und gesundheitsfördernde Inhaltsstoffe, sondern haben auch einen besseren Geschmack. Viele unreife Früchte sind nämlich reich an Stärke. Während der Reifung sinkt der Stärkegehalt ab, der Gehalt an Glucose, Fructose und Saccharose nimmt zu. Deswegen schmecken Früchte, die voll aus-

gereift geerntet werden, süßer und haben ein intensiveres Aroma.

TIPP!

Achten Sie darauf, wann in Ihrer Region Obst- und Gemüsesorten Saison haben!

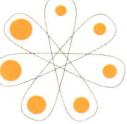

2. GESUNDHEIT

Wir sind, was wir essen: Unsere Essgewohnheiten können sowohl positive als auch negative Auswirkungen auf unsere Gesundheit haben. Jedes Lebensmittel enthält unterschiedliche Stoffe, wollen wir uns gesund und nachhaltig ernähren, müssen wir die gesundheitsfördernden unter ihnen kennen, erkennen und im richtigen Maß zu uns nehmen.

ERNÄHRUNG UND GESUNDHEIT

Zu den Gesundheitsproblemen, die mit unserer Ernährung zusammenhängen, zählen einige der im Westen am meisten verbreiteten Krankheiten, darunter Übergewicht, Herz-Kreislauf-Erkrankungen und Diabetes. Als Hauptursache gilt eine unausge-

wogene Ernährung: zu viel stark verarbeitete fett-, zucker- und salzhaltige Lebensmittel und zu wenig pflanzliche und wenig verarbeitete Lebensmittel. Zucker und Fett empfindet der Mensch instinktiv als vertrauenerweckend, energieversorgend und sättigend. Sie schmecken gut und regen an, mehr zu essen. Das macht sich die Lebensmittelindustrie zunutze und fügt ihren Produkten viele dieser Stoffe bei, um einen möglichst großen Absatz zu erzielen. Anderseits bieten die Hersteller fett- und/oder zuckerreduzierte bzw. -freie Produkte an, um auch aus diesen Trends Kapital zu schlagen. Damit diese Produkte aber auch gut angenommen werden, wird häufig bei Fettreduzierung der Zu-

ckergehalt erhöht und umgekehrt. Alternativ werden Ersatzprodukte beigefügt, die harmloser klingen oder einer anderen Deklarationspflicht unterliegen. Bei solchen Produkten empfiehlt es sich also, die Zutatenliste genau zu lesen und zu interpretieren.

Die daraus resultierenden Gesundheitsprobleme schaden nicht nur dem Einzelnen, sondern der Gesellschaft insgesamt; sie hat die damit verbundenen gesundheitlichen Kosten zu tragen. Nach Schätzungen des Bundesministeriums für Gesundheit fallen rund ein Drittel der Kosten im Gesundheitswesen direkt oder indirekt in der Behandlung von ernährungsbedingten Krankheiten an.

Lebensmittel enthalten auch oft Rückstände von Medikamenten und Pestiziden, künstliche Aromen, Farb- und Konservierungsstoffe. Während einige gefährliche Stoffe verboten sind, sind andere innerhalb bestimmter Grenzen zugelassen. Studien haben gezeigt, dass viele Pestizide krebsfördernd sind oder negativ auf das Hormonsystem wirken. In der EU sind daher die Rückstände von Pestiziden in Lebensmitteln geregelt. Es gelten die sogenannten Rückstandshöchstgehalte (Maximum Residue Levels – MRL), die sich jedoch nur auf einzelne Inhaltsstoffe und nicht auf den Mix verschiedener Rückstände beziehen. Wir wissen oft zwar über die möglichen Auswirkungen der einzelnen Inhaltsstoffe Bescheid, nicht aber über den Einfluss, den die Kombination verschiedener Stoffe auf unsere Gesundheit hat bzw. haben kann.

ZUSATZSTOFFE IN LEBENSMITTELN

Ein Lebensmittelzusatzstoff ist laut gesetzlicher Definition (VO [EG] 1333/2008, Lebensmittel-, Bedarfsgegenstände- und Futtermittelgesetzbuch – LFGB) „ein Stoff mit oder ohne Nährwert, der in der Regel weder selbst als Lebensmittel verzehrt noch als charakteristische Lebensmittelzutat verwendet wird und einem Lebensmittel aus technologischen Gründen bei der Herstellung, Verarbeitung, Zubereitung, Behandlung, Verpackung, Beförderung oder Lagerung zugesetzt wird".

Ob Zusatzstoffe gefährlich für die Gesundheit sind, bleibt dabei unberücksichtigt. Wichtig ist, dass der Konsument sie erkennen kann und ihm bewusst ist, dass sie in vielen Lebensmitteln enthalten sind. Lebensmittelzusatzstoffe, die in der EG-Richtlinie gelistet sind, werden mit einer E-Nummer gekennzeichnet, zum Beispiel E 200 für den Konservierungsstoff Sorbinsäure. Das E steht für Europa oder auch für *edible* (essbar). Auf verpackten Lebensmitteln müssen alle verwendeten Zusatzstoffe angegeben werden. Die Zusatzstoffe befinden sich, da sie in geringen Mengen enthalten sind, in der Regel am Ende der Zutatenliste.

GEMEINSAMES KOCHEN UND ESSEN

Gemeinsames Kochen und Essen ist gut für die soziale Gesundheit. Heutzutage wird immer seltener gekocht, dafür werden immer öfter mehrere Mahlzeiten am Tag unterwegs eingenommen. Essen und Trinken sind aber für unsere soziale Gesundheit besonders bedeutsam: Durch gemeinsames Kochen und Essen werden zwischenmenschliche Beziehungen aufgebaut und verstärkt. Vor allem für Kinder ist das wichtig, denn beim gemeinsamen Kochen und Essen werden wichtige Kompetenzen erworben. Kinder lernen nicht nur, wie ein Gericht zubereitet wird, sondern auch, Aufgaben und Verantwortung zu übernehmen, sich aufeinander zu verlassen und sich Mühe zu geben, eine Arbeit erfolgreich zu Ende zu bringen.

CLEAN LABELING
Oft wird damit geworben, dass in einem Lebensmittel bestimmte Stoffe, die von den Verbrauchern abgelehnt werden, nicht enthalten sind („Clean Labeling"). Es wird z. B. darauf hingewiesen, dass keine Aromen bzw. Farb- und Konservierungsstoffe enthalten sind. Stattdessen werden Stoffe verwendet, die denselben Nutzen wie Zusatzstoffe aufweisen, aber nicht wie diese gekennzeichnet werden müssen. Gerne wird auch mit der Abwesenheit von Stoffen geworben, die in dem Produkt ohnehin nichts zu suchen haben („Thunfischsalat glutenfrei").

TIPP!

Nehmen Sie sich Zeit zum Kochen und Essen, schalten Sie Telefon und Fernseher aus und verschieben Sie eventuelle Konflikte auf einen späteren Moment!

3. NACHHALTIGE LANDWIRTSCHAFT

Die konventionelle Landwirtschaft ist durch Monokulturen, den Einsatz von chemisch-synthetischen Düngern, Pestiziden und Unkrautvernichtungsmitteln sowie von Maschinen geprägt. In den letzten Jahrzehnten haben sich jedoch Alternativen zur konventionellen Landwirtschaft entwickelt, die einen nachhaltigeren Umgang mit den natürlichen Ressourcen gewährleisten.

KONVENTIONELLE LANDWIRTSCHAFT

MONOKULTUREN

Von einer Monokultur spricht man, wenn eine einzige Pflanzenart über mehrere Jahre auf derselben Agrarfläche angebaut wird. Bei der traditionellen Fruchtfolge hingegen werden Kulturpflanzen im Laufe der Jahre gewechselt; damit wird die Bodenfruchtbarkeit nachhaltig erneuert und erhalten. Die Spezialisierung bietet zwar wirtschaftliche Vorteile, hat aber erhebliche negative Auswirkungen: Monokulturen führen u. a. zur Zerstörung fruchtbarer Böden bzw. zur Verringerung des Humusgehalts, z.B. durch tiefes Pflügen und den Einsatz von schweren Maschinen.

Monokulturen tragen zur Senkung der Artenvielfalt bei, und sie benötigen einen sehr hohen Einsatz von Düngemitteln und Pestiziden, weil Pflanzen in Monokulturen aufgrund der dichten Bepflanzung und des fehlenden Gleichgewichts zwischen verschiedenen tierischen und pflanzlichen Arten anfälliger für Krankheiten sind. Schließlich führen Monokulturen dazu, dass der Boden ärmer an Nährstoffen wird und deshalb mehr Düngemittel eingesetzt werden müssen.

KUNSTDÜNGER

Eines der größeren Umweltprobleme, die von Kunstdünger ausgelöst werden, ist die Kontaminierung von Böden und Gewässern. Die Pflanzen können meistens nur einen kleinen Anteil des Stickstoffs aus Düngemitteln absorbieren. Der Stickstoff, der von den Pflanzen nicht aufgenommen wird, gelangt in den Boden und in die Gewässer. Dort verursacht er einen Mangel an Sauerstoff, was wiederum zum Sterben von vielen Wasserlebewesen führt.

Darüber hinaus ist eine übermäßig hohe Menge von Stickstoff in den Böden extrem schädlich für das Klima. Tiere nehmen Stickstoff durch die Nahrung auf, können ihn aber nur sehr schlecht verwerten. Der Stickstoff landet dann in Form von klimaschädlichem Lachgas in der Atmosphäre und trägt als Treibhausgas zum Klimawandel bei.

PESTIZIDE

Pestizide (Pflanzenschutzmittel und Mittel zur Schädlingsbekämpfung) haben erhebliche Auswirkungen auf unsere Umwelt. Sie spielen u. a. eine wichtige Rolle beim aktuellen Phänomen des Bienensterbens. Bienen gehören zu den Bestäubern, Tieren, die Pollen von Pflanze zu Pflanze transportieren und dabei die Fortpflanzung ermöglichen. Laut Welternährungsorganisation der Vereinten Nationen (FAO) sind 35 Prozent der weltweiten Nahrungsmittelproduktion abhängig von der Existenz von Bestäubern.

Die negativen Auswirkungen von Pestiziden betreffen auch andere Tiere, wie Vögel, Insekten, Schmetterlinge und Säugetiere, etwa Fledermäuse, die sich von Blüten, Blättern und Wurzeln ernähren und dabei Schadstoffe aufnehmen, die chronische

Schäden verursachen können. Pestizide haben auch Auswirkungen auf die menschliche Gesundheit, nicht nur in Form von Vergiftungen der Bauern und Landarbeiter (überwiegend in Entwicklungsländern), sondern auch in Form von gesundheitlichen Langzeitschäden durch Rückstände in Lebensmitteln, die u. a. krebserregend oder problematisch für das Hormonsystem wirken können.

Die Verwendung von Pestiziden hat auch eine erhebliche Menge an Pestizidmüll verursacht, der oft nicht sachgerecht entsorgt wird bzw. dessen sachgerechte Entsorgung sehr teuer ist. Laut FAO bedrohen mehr als 500.000 Tonnen Pestizidmüll weltweit die Umwelt und die Gesundheit von Millionen Menschen.

Der kombinierte Einsatz von Düngemitteln und Pestiziden trägt außerdem zur Bodenerosion bei, weil er die Bodenorganismen, die für die Bildung von Humus sorgen, dezimiert.

ÖKOLOGISCHE BZW. BIOLOGISCHE LANDWIRTSCHAFT

Im ökologischen Landbau wird der Einsatz von Pestiziden und Kunstdüngern stark reduziert. Gedüngt wird mit Humus, Kompost, Rizinusschrot, Wolle oder Hornspänen. Gegen Schädlinge werden Pheromone oder Nützlinge wie Marienkäfer eingesetzt. Pheromone sind natürliche Botenstoffe, die zur Kommunikation und Informationsübertragung zwischen Insekten einer Art dienen. Durch ihren gezielten Einsatz werden Insekten gefangen oder von der Paarung abgehalten.

Der Boden wird im ökologischen Landbau geschützt, indem man z. B. zwischen Baumreihen Wildpflanzen stehen lässt oder die Erde gezielt begrünt. Das lockt nicht nur nützliche Insekten und Vögel an, sondern macht den Boden fruchtbarer und verhindert, dass er ausgewaschen oder vom Wind abgetragen wird.

Auch die tierische und pflanzliche Artenvielfalt ist auf Bio-Agrarflächen größer und differenzierter als z. B. in Monokulturen. Auf ökologisch bewirtschafteten Flächen sind zwei- bis dreimal mehr Ackerwildkrautarten zu finden als auf konventionell bewirtschafteten Äckern. Laufkäfer, Kurzflügler und Spinnen sind um 40 Prozent zahlreicher, es sind doppelt so viele Schmetterlingsarten zu beobachten und eine bis zu achtfach größere Vogelpopulation, die wiederum die Pflanzen vor Schädlingen schützen.

Der Anteil der zertifizierten Bioprodukte an den landwirtschaftlichen Erzeugnissen liegt in Europa bei 5,7 Prozent. Da die Nachfrage nach Bioprodukten ständig zunimmt, werden zahlreiche Bioprodukte importiert. Weltweit macht zertifizierter Bio-Landbau aber nur 0,7 Prozent der gesamten landwirtschaftlichen Produktion aus.

TIPP!

Bioprodukte sind in der Regel teurer als Produkte aus konventioneller Landwirtschaft, weil die Erträge pro Hektar im ökologischen Anbau niedriger sind und mehr Arbeitskräfte benötigt werden als in der konventionellen Landwirtschaft. Kaufen Sie direkt beim Bauern und verzichten Sie auf Fertigprodukte! Sie werden sehen, dass die Gesamtkosten für Lebensmittel schnell sinken. Auch die Reduzierung des Fleisch- und Fischkonsums ermöglicht es Ihnen, stattdessen Bio-Produkte zu kaufen, ohne Ihr Budget zusätzlich zu belasten. Generell gilt: Nicht zu viel einkaufen, um Lebensmittel- und Geldverschwendung zu vermeiden!

EU-BIO-SIEGEL

Das EU-Bio-Siegel muss auf allen verpackten Öko-Lebensmitteln stehen, die in der EU produziert wurden. Für die Produkte mit diesem Siegel gelten die EU-Mindeststandards, z. B. müssen 95 Prozent der Zutaten aus biologischem Anbau stammen. Die Überprüfung von Herstellern erfolgt zumindest einmal im Jahr durch eine eigene Kontrollstelle.

DEUTSCHES BIO-SIEGEL

Für Produkte mit dem deutschen Bio-Siegel gelten dieselben Mindestanforderungen wie für Produkte mit dem EU-Bio-Siegel. Der einzige Unterschied besteht darin, dass das EU-Bio-Siegel für verpackte Bio-Lebensmittel verpflichtend ist, während das deutsche Bio-Siegel von den Erzeugern auf freiwilliger Basis verwendet werden kann.

NATURLAND

Die Kriterien für Naturland-Produkte sind in der Regel strenger als die der EU-Öko-Verordnung. Die Richtlinien basieren auf einer ganzheitlichen Betrachtung, berücksichtigen z. B. auch soziale Aspekte, und müssen entlang der gesamten Produktions-, Verarbeitungs- und Distributionskette eingehalten werden. Hersteller werden regelmäßig durch unabhängige Stellen überprüft. Das Naturland-Siegel gibt es für Lebensmittel sowie für Holzprodukte und Textilien.

BIOLAND

Bioland ist einer der wichtigsten ökologischen Anbauverbände in Deutschland. Auch das Bioland-Siegel stellt höhere Anforderungen als die EU-Richtlinien. Es basiert auf einem kreislaufwirtschaftlichen Ansatz, so werden z. B. Futtermittel für die Tiere nicht eingekauft, sondern stammen aus dem eigenen Betrieb. Auch Bioland-Erzeuger werden regelmäßig durch unabhängige Stellen überprüft.

DEMETER

Das Demeter-Siegel steht für biodynamische Landwirtschaft. Viele Zusatzstoffe, die umstritten, aber in der EU-Öko-Verordnung trotzdem erlaubt sind, dürfen bei Demeter nicht verwendet werden. Auch Demeter-Betriebe unterliegen einer strengen Kontrolle durch unabhängige Kontrollstellen. Das Siegel gibt es nicht nur für Lebensmittel, sondern auch für Kleidung und Kosmetik. Bioland und Demeter gehören zu den Bio-Siegeln mit den höchsten Ansprüchen.

WAS IST BIO?

Damit ein Produkt als „biologisch" zertifiziert wird, müssen verschiedene Kriterien erfüllt werden, die von der EU vorgegeben werden. Produkte dürfen nur dann als „Bio-Erzeugnis" gekennzeichnet werden, wenn mindestens 95 Prozent ihrer landwirtschaftlichen Zutaten den festgelegten Standards entsprechen. Beim Kauf von biologischem Obst und Gemüse etwa kann man sich sicher sein, dass die Verwendung von chemischen Pestiziden und synthetischen Düngern sehr stark eingeschränkt ist. Die Verwendung genetisch veränderter Organismen und daraus hergestellter Erzeugnisse ist nicht zulässig bzw. muss ab einem Vorkommen von 0,9 Prozent angegeben werden.

Für die Zucht von Nutztieren gilt, dass deren Futter keine Stoffe enthalten darf, die das Wachstum künstlich anregen; gentechnisch verändertes Futter ist nicht erlaubt. Die Tiere müssen in offener Freilandhaltung gehalten werden und die Tierzuchtmethoden der jeweiligen Art angepasst sein.

PREISUNTERSCHIEDE BEI BIOPRODUKTEN

Preisunterschiede bei Bioprodukten können mehrere Ursachen haben.

→ Die Richtlinien für das EU-Bio-Siegel garantieren nur die Mindeststandards. Verschiedene Bio-Labels stellen höhere Anforderungen und führen rigidere Kontrollen durch. Lebensmittel mit Labels von Demeter, Bioland und weiteren Öko-Produzenten („Premium-Bio") haben daher einen höheren Preis.

→ Bio-Lebensmittel werden weltweit produziert und vertrieben. Die Anbau- und Verarbeitungskosten können stark variieren.

→ Discounter vertreiben ihre Produkte unter eigenen Bio-Labels, die nur die EU-Richtlinien erfüllen. Sie kaufen dort ein, wo es am günstigsten ist, und üben häufig Preisdruck auf Lieferanten aus.

BIODYNAMISCHE LANDWIRTSCHAFT

Biodynamischer Anbau erfolgt nach einem ganzheitlichen Konzept unter Berücksichtigung aller Kreisläufe der Natur. Der landwirtschaftliche Betrieb wird als Organismus verstanden. Zwischen Organismus/Betrieb und Umwelt existieren vielfältige Austauschbeziehungen. Verluste an organischer Substanz und Nährstoffen werden möglichst reduziert, sodass genügend Nährstoffe im Betriebskreislauf erhalten bleiben. Die Art der Substanzen und die Intensität der Zirkulation werden durch die Tätigkeiten der beteiligten Lebewesen (z. B. Bodenorganismen und Nutztiere) bestimmt. Durch Nutztiere, insbesondere Wiederkäuer, gewinnt der Betrieb hochwertigen Dünger. Die Tiere selbst bekommen fast ausschließlich betriebseigenes Futter. Im ausgeglichenen Verhältnis von Stall- und Weidehaltung wird versucht, den Ansprüchen und Bedürfnissen der Tiere gerecht zu werden. Biodynamischer Anbau trägt Sorge für die langfristige Gesundheit des Bodens und der Pflanzen. Der Einsatz von Pestiziden und mineralischen Düngern wird zugunsten biologisch-dynamischer Präparate eingeschränkt oder ganz unterlassen. Eingesetzt werden Feld- oder Spritzpräparate (Hornkiesel und Hornmist), Düngerzusatzpräparate (Schafgarben-, Kamillen-, Brennnessel-, Eichenrinde-, Löwenzahn- und Baldrianpräparate), Spezialpräparate wie Schachtelhalm-Abkochung und Aschenpräparate.

TIPP!

Achten Sie beim Einkauf auf die Produktkennzeichnung! Die Begriffe „bio" und „öko" werden gleichwertig benutzt. Beide gelten für Produkte, die nach den Richtlinien des ökologischen Landbaus erzeugt und verarbeitet werden. Kennzeichnungen für Bioprodukte können auch „biologisch", „ökologisch", „kontrolliert biologisch" bzw. „aus biologischem" oder „ökologischem Landbau" lauten.

Anders verhält es sich bei den Kennzeichnungen „integrierter Landbau", „aus kontrolliertem Vertragsanbau", „umweltschonend", „extensiv", „naturnah", „unbehandelt" oder „kontrolliert". Diese stehen nicht für ökologischen Anbau, sondern für Anbautechniken, die sich zwar in Richtung Nachhaltigkeit und Umweltschutz bewegen, aber nicht gesetzlich als „bio" anerkannt sind.

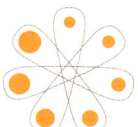

4. ÖKO-EFFEKTIVITÄT UND KREISLAUFWIRTSCHAFT

Ein Drittel der produzierten Lebensmittel weltweit wird weggeworfen. Der Großteil der Lebensmittelabfälle entsteht in der Produktion und Verarbeitung, lange bevor die Lebensmittel in die Händen der Konsumenten gelangen. Darauf hat der Konsument keinen direkten Einfluss. Aber auch in den Haushalten landet vieles im Mülleimer. Eine ganzheitliche Küche, die so wenig Lebensmittel wie möglich verschwendet, ist daher von großer Bedeutung.

VERSCHWENDUNG IN DEN WESTLICHEN INDUSTRIE-LÄNDERN – HUNGER IN DEN ENTWICKLUNGSLÄNDERN

Dass 1,3 Milliarden Tonnen Lebensmittel pro Jahr weltweit weggeworfen werden, ist besonders verblüffend, wenn man bedenkt, dass fast eine Milliarde Menschen weltweit hungern. 3,1 Millionen Kinder unter fünf Jahren sterben jedes Jahr an Unterernährung. Anders gerechnet: Jeden Tag sterben in den Entwicklungsländern rund 8.500 Kinder, weil sie nicht genug zum Essen haben. Das Problem ist nicht, dass wir nicht genug Lebensmittel für alle Menschen auf der Welt haben, sondern die Verteilung der Lebensmittel, die Macht der großen Konzerne und die Spekulation mit Lebensmittelpreisen.

Lebensmittelverschwendung: Wie viele Lebensmittel landen pro Person und Jahr im Müll?

36 kg — Obst und Gemüse
16,5 kg — Brot und Backwaren
10 kg — Essensreste
5 kg — Fleisch und Fisch
6,5 kg — Milchprodukte
2,5 kg — Süßigkeiten
5,5 kg — Getränke

Quelle: Ministerium für Umwelt, Klima und Energiewirtschaft Baden-Württemberg, Genuss-Kochbüchle (2015)

VERSCHWENDUNG IN DER PRODUKTION UND VERARBEITUNG …

Ursachen für Verschwendung in Produktion und Verarbeitung sind Absatzprobleme, Überproduktion, Produktionsfehler sowie Saisonprodukte. Gemeinsam ist ihnen, dass die Entsorgung von noch essbaren Lebensmitteln für die Produzenten und Händler oft weniger schlimm ist, als die Furcht, einen Kundenwunsch nicht erfüllen zu können.

ABSATZPROBLEME

Wenn ein Produkt in großer Menge am Markt vorhanden ist und nicht mehr oder nur zu sehr niedrigen Preisen gekauft wird, kann der Landwirt die Produktionskosten durch die Verkaufserlöse nicht mehr abdecken und pflügt die Ernte lieber unter.

ÜBERPRODUKTION

Es wird bewusst viel mehr produziert, als tatsächlich verkauft wird, um flexibel zu sein und Bestellungen immer erfüllen zu können.

PRODUKTIONSFEHLER

Wird z. B. ein Produkt falsch etikettiert, sind der Neudruck oder die Neuverpackung oft teurer, als das Produkt wegzuwerfen.

SAISONPRODUKTE

Diese können nur in einem bestimmten Zeitraum verkauft werden, z. B. speziell verpackte Chips anlässlich der Fußball-WM.

… ABER AUCH ZU HAUSE!

Jeder von uns wirft im Jahr ca. 80 Kilogramm Lebensmittel weg, obwohl ein Großteil davon noch genießbar wäre. Durch Vermeidung dieses Abfalls könnte eine vierköpfige Familie ca. 1.200 Euro im Jahr sparen.

TIPP!

Ein Teil dieser Verschwendung kann durch Sorgfalt in Planung, Einkauf, Lagerung, Verarbeitung und Verwendung vermieden werden. Fragen Sie sich vor dem Einkaufen, was zu Hause fehlt und welche Mahlzeiten für diese Woche geplant sind. Vergessen Sie nicht, einen Einkaufszettel zu schreiben!

Lebensmittelverschwendung: Wie viele Stängel, Schalen, Blätter schmeißen wir weg?

Fenchel 60 %

Lauch 60 %

Karotte 25 %

Blumenkohl 48 %

Wirsing 37 %

Vermeidbarer Abfall 21–40 %

Quelle: Lisa Casali: Grün kochen? (öko)logisch! – Nichts mehr verschwenden, weniger ausgeben. Goldmann, München 2014

5 PRAKTISCHE TIPPS

1

Auflaufreste müssen nicht erneut in Ofen oder Mikrowelle, sondern lassen sich auch in der Pfanne aufwärmen. Käse-, Wurst oder Gemüsereste eignen sich als Pizzabelag.

2

Ein Großteil der Schnittreste von Obst und Gemüse ist genießbar (z. B. das Grün von Karotten, Lauch oder Fenchel). Verwerten Sie diese in Dips, Suppen und Salaten.

3

Lassen Sie Essensreste immer vollständig abkühlen, bevor Sie sie luftdicht verpackt im Kühlschrank aufbewahren und innerhalb von ein bis zwei Tagen aufbrauchen.

4

Geben Sie Trockengerichten beim Erhitzen ein bisschen Flüssigkeit wie Wasser oder Gemüsebrühe bei, um Anbrennen zu vermeiden.

5

Suppen eignen sich hervorragend zum Einfrieren und späteren Auftauen.

MINDESTENS HALTBAR BIS …

Nicht verwechselt werden sollten die Begriffe „Verbrauchsdatum" und „Mindesthaltbarkeitsdatum". Den Unterschied erkennt man an den Hinweisen „Zu verbrauchen bis" für das Verbrauchsdatum und „Mindestens haltbar bis" für das Mindesthaltbarkeitsdatum. Leicht verderbliche Lebensmittel (z. B. Hackfleisch oder frischer Fisch) sollten nach Ablauf des Verbrauchsdatums nicht mehr gegessen werden. Das Mindesthaltbarkeitsdatum gibt hingegen an, bis wann bei intakter Verpackung und richtiger Lagerung das Lebensmittel seine spezifischen Eigenschaften wie Geschmack, Geruch und Nährwert behält.

Viele Lebensmittel mit überschrittenem Mindesthaltbarkeitsdatum sind häufig noch genießbar.
→ Milch in einer ungeöffneten Verpackung können Sie bis zu drei Tage nach Ablauf des Mindesthaltbarkeitsdatums verzehren, Joghurt auch noch länger, Hauptsache, es hat sich kein Schimmel gebildet.
→ Eier können bis zu zwei Wochen nach Ablauf des Mindesthaltbarkeitsdatums verwendet werden – am besten gekocht oder in der Zubereitung von Backwaren, also nicht roh.
→ Mehl, Reis, Getreide, Nudeln und Kaffee können Sie bei trockener Lagerung noch mehrere Monate nach Ablauf des Mindesthaltbarkeitsdatums verzehren.

TIPP!

Nicht nur Essensreste, auch Lebensmittelverpackungen verursachen eine Unmenge Müll. In Deutschland werden jährlich pro Person durchschnittlich 145 Kilogramm Verpackungsmüll produziert, der Großteil davon sind Lebensmittelverpackungen.

Vermeiden Sie Lebensmittel, die zu viel verpackt sind, und bevorzugen Sie lose Waren! Immer häufiger finden sich Läden, die Lebensmittel ohne Verpackung verkaufen. Informieren Sie sich über das Angebot in Ihrer Nähe!

5. VIELFALT UND DIVERSITÄT

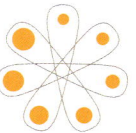

Die Vielfalt an Pflanzen- und Tierarten nimmt drastisch ab. Verantwortlich dafür sind u. a. Monokulturen, Massentierhaltung, der Einsatz von Pestiziden und Düngemitteln sowie die Luftverschmutzung durch Abgase und Verkehr.

Der Verlust der Diversität stellt für uns Menschen eine existenzielle Bedrohung dar, weil wir von der Existenz gut funktionierender Ökosysteme abhängig sind, z. B. von der Versorgung mit Sauerstoff, der von Pflanzen durch Fotosynthese produziert wird. Ökosysteme funktionieren nur dann gut, wenn die Vielfalt und Diversität der Pflanzen und Tiere gewährleistet sind.

IMMER WENIGER PFLANZENARTEN

Weltweit gibt es etwa 30.000 Pflanzenarten, die essbar sind. 86 Prozent der globalen Agrarprodukte bestehen jedoch aus nur drei Produkten: Mais, Reis und Getreide. Schätzungen zufolge gingen im letzten Jahrhundert 75 Prozent der Nutzpflanzensorten verloren. Ende des 19. Jahrhunderts waren in Mitteleuropa noch Tausende Weizensorten zu finden, heute sind es nicht mehr als 30. Was in Europa für Weizen gilt, gilt in Indien für Reis: Vor 50 Jahren wuchsen in Indien ungefähr 50.000 Reissorten, heute sind es nur noch 40.

Verlust der Gemüsevielfalt

Kürbis: 341 / 40
Gurken: 285 / 16
Warzenmelone: 338 / 27
Süßmais: 307 / 12
Rote Beete: 288 / 17
Tomaten: 408 / 79
Kohl: 544 / 28
Erbsen: 408 / 25
Radieschen: 463 / 27
Salat: 497 / 36

Sortenanzahl:
Jahr 1903   Jahr 1983

Quelle: National Geographic: Our dwindling food variety

Neben den negativen Auswirkungen von Monokulturen und Pestiziden ist die sinkende pflanzliche Diversität auf die hohe Konzentration im Saatgutmarkt zurückzuführen. Die Agroindustrie produziert nur wenige Hybridsorten, d. h. Pflanzensorten, die aus einer Kreuzung verschiedener Arten stammen. Hybride bringen im ersten Jahr zwar große Ernten, können sich aber nicht vermehren. Die Bauern sind also gezwungen, die Samen jedes Jahr bei den großen Konzernen einzukaufen. Solche Hybridsorten sind auch anfälliger für Krankheiten. Verschiedene Initiativen bemühen sich darum, alte Pflanzensorten wiederzuentdecken und zu bewahren. Da es früher noch keine Pestizide gab, konnten sich nur jene Arten durchsetzen, die gegen Krankheiten und Schädlinge resistent waren. Daher sind alte Pflanzensorten in der Regel widerstandsfähiger als Neuzüchtungen, die stärker gespritzt werden müssen.

TIPP!

Informieren Sie sich über solche Initiativen in Ihrer Nähe!

IMMER WENIGER TIERARTEN

Die sinkende Artenvielfalt in der Tierwelt ist zum Großteil auf die Konzentration der Züchter zurückzuführen. Nicht nur hat sich die Anzahl der Zuchtlinien extrem reduziert, die Tiere werden auch aus genetischer Sicht immer ähnlicher. So sind etwa 90 Prozent der Legehennen weltweit Züchtungen von nur zwei Konzernen, der Firmengruppen EW Group und Hendrix Genetics. Ähnlich ist die Situation bei Schweinen und Rindern.

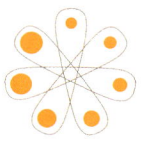

6. SOZIALE GERECHTIGKEIT UND FAIRE WIRTSCHAFT

Die Ernährungsindustrie ist einer der größten Märkte weltweit. Der Preis, den wir für unsere Lebensmittel bezahlen, entspricht aber oft nicht den tatsächlichen Produktionskosten sowie den ökologischen und sozialen Kosten der Produkte.

KONZENTRATION DER MARKTMACHT

Der landwirtschaftliche Sektor ist durch eine sehr hohe Konzentration der Marktmacht in den Händen von wenigen Konzernen charakterisiert. Die Marktführer kontrollieren nicht nur große Marktanteile, sondern oft auch einen großen Teil der Produktions-, Verarbeitungs- und Distributionsprozesse, was wiederum den Zugriff auf billige Rohstoffe garantieren soll. Das gilt sowohl für die Saatgutindustrie als auch für die Tierzucht- und Futtermittelindustrie bis hin zur Nahrungsmittelverarbeitungsindustrie und den Groß- und Einzelhandel. Die Umsätze der zehn größten Nahrungsmittelverarbeiter belaufen sich auf rund ein Drittel des Gesamtumsatzvolumens. Zu diesen Konzernen gehören u. a. Nestlé, PepsiCo und Mondelēz (früher Kraft). In Deutschland beherrschen nur fünf Konzerne den Markt: die Schwarz-Gruppe (Lidl, Kaufland), Aldi, Edeka, Rewe und Metro. Die Macht dieser Konzerne wird zum Nachteil für die Produzenten.

Bei immer niedrigeren Lebensmittelpreisen können viele Produzenten, Verarbeitungsbetriebe und Händler ihre Kosten nicht mehr decken. Insbesondere die Konzentration im Groß- und Einzelhandel sorgt dafür, dass kleine Landwirte und Lieferanten in finanzielle Schwierigkeiten geraten.

UNMENSCHLICHE ARBEITSBEDINGUNGEN

Die Landwirtschaft ist bis heute geprägt von sozialer und wirtschaftlicher Ausbeutung, Kinderarbeit und unmenschlichen Arbeitsbedingungen. 60 Prozent der Kinderarbeit findet in der Landwirtschaft statt, wobei dieser Sektor für Kinder auch am gefährlichsten ist. Aufgrund ihrer Größe sind sie den Pestiziden und Spritzmitteln direkt auf Augenhöhe ausgesetzt; meist verfügen sie auch nicht über entsprechende Schutzkleidung. Da auch die Eltern nicht fair entlohnt werden, müssen Kinder in sehr frühem Alter anfangen zu arbeiten; so fehlt ihnen die Zeit für Bildung, was ein zentraler Punkt nachhaltiger Entwicklung ist. Auch in der Fleischverarbeitung leiden die Arbeiter unter sehr schlechten Arbeitsbedingungen. Laut Human Rights Watch ist die Arbeit in der Fleischverarbeitungsindustrie der gefährlichste aller Fabrikjobs in den USA. Die Arbeit in den Fleischfabriken ist physisch anspruchsvoll, wiederholte Schneidebewegungen erfordern Kraft, Ausdauer und Konzentration. Hinzu kommt ein enormer Leistungs- und Zeitdruck, was ein höheres Verletzungsrisiko zur Folge hat. Gegen dieses können sich die Beschäftigten kaum wehren, denn oftmals sind es Einwanderer ohne Dokumente, die von den Konzernen beschäftigt werden und deren Praktiken schutzlos ausgeliefert sind.

BIO SCHAFFT ARBEITSPLÄTZE UND FÖRDERT KREISLAUF-WIRTSCHAFTSMODELLE

Mit dem Kauf von Bioprodukten leisten Sie nicht nur einen ökologischen, sondern auch einen sozialen und wirtschaftlichen Beitrag zu einer nachhaltigeren Landwirtschaft. Die aufwendigeren Produktionsverfahren in der ökologischen Landwirtschaft benötigen bis zu 60 Prozent mehr Arbeitskräfte und schaffen daher zusätzliche Arbeitsplätze und Einkommensmöglichkeiten. Auf einem Biohof wird in einer Kreislaufwirtschaft produziert, indem möglichst geschlossene Kreisläufe angestrebt werden. Saatgut, Futtermittel, Dünger, Jungtiere: alles wird auf dem ökologischen Hof selbst produziert, mit möglichst wenig externen Rohstoffen und Produkten. Erntereste werden nicht entsorgt, sondern zur Bodenverbesserung auf den Feldern verteilt.

TIPP!

Achten Sie beim Einkauf nicht nur auf ökologische, sondern auch auf soziale Aspekte! Produkte mit dem Fairtrade-Siegel helfen Ihnen dabei, einen Beitrag zu mehr sozialer Gerechtigkeit zu leisten.

7. RESSOURCENVERBRAUCH UND GLOBALER KLIMASCHUTZ

Durch den herkömmlichen Anbau, Transport, Lagerung und Vermarktung von Nahrungsmitteln werden Treibhausgase ausgestoßen, Wässer und Böden mit Schadstoffen belastet, Grünland in Ackerland umgewandelt, Wälder gerodet.

CO$_2$-FUSSABDRUCK

Unsere Ernährung trägt erheblich zum menschlichen CO$_2$-Fußabdruck bei. Der CO$_2$-Fußabdruck bezieht sich auf die Menge von CO$_2$-Emissionen, die durch eine Aktivität oder über den Lebenszyklus eines Produktes verursacht werden.
Der CO$_2$-Fußabdruck wird in CO$_2$-Äquivalent (CO$_2$e) gemessen. Neben Kohlendioxid (CO$_2$) gibt es zahlreiche weitere Treibhausgasemissionen (THG-Emissionen), die zum Treibhauseffekt beitragen. Um diese vergleichen und addieren zu können, rechnet man ihre Auswirkungen auf das Klima in CO$_2$-Äquivalente um.

DIREKTE UND INDIREKTE EMISSIONEN IN DER LANDWIRTSCHAFT

In Deutschland sind ein Fünftel der gesamten Treibhausgasemissionen (THG-Emissionen) auf den Ernährungsbereich zurückzuführen. 52 Prozent der Emissionen entstehen in der Landwirtschaft, 29 Prozent bei den Endverbrauchern (Lebensmitteleinkauf, Kochen, Kühlen, Spülen), 13 Prozent im Handel (Verpackung, Transport, Kühlung usw.) und 6 Prozent in der industriellen oder handwerklichen Verarbeitung von Lebensmitteln. Weltweit ist die Landwirtschaft für mehr als 10 Prozent der Treibhausgasemissionen verantwortlich.

Unter direkten Emissionen versteht man Emissionen, die etwa beim Anbau, in der Tierhaltung, der Weiterverarbeitung, beim Transport, der Lagerung und dem Verkauf ausgestoßen werden. Indirekte Emissionen werden verursacht, wenn z. B. naturbelassene Flächen oder Grünland in Agrarflächen umgewandelt werden.

DIREKTE EMISSIONEN

Die Landwirtschaft ist vor allem für die Emission der drei wichtigsten Treibhausgase verantwortlich: Methan, Lachgas und Kohlendioxid.
Methan-Emissionen stammen vor allem aus der Viehzucht von Wiederkäuern (insbesondere aus den Verdauungsprozessen der Tiere). Auch die Düngung mit organischen Düngern und die Bewässerung der Felder für den Reisanbau verursachen große Mengen an Methan. Mit einem Ausstoß von 2,5 bis 3,3 Mrd. Tonnen CO$_2$-Äquivalente pro Jahr haben Methan-Emissionen den größten Anteil an den aus der Landwirtschaft stammenden THG-Emissionen.
Die Düngung des Ackerlandes mit Stickstoffdünger verursacht den Ausstoß von großen Mengen an Lachgas. Die Lachgas-Emissionen aus der Landwirtschaft entsprechen mehr als 5 Prozent der gesamten von Menschen verursachten THG-Emissionen (2,5 bis 2,8 Mrd. Tonnen CO$_2$-Äquivalente pro Jahr).
Relativ wenig ausgestoßen wird Kohlendioxid in der Landwirtschaft (ca. 0,5 Mrd. Tonnen CO$_2$ pro Jahr). Die Emissionen stammen vor allem aus der Nutzung von Landmaschinen und anderen Anlagen, die den Einsatz von fossilen Brennstoffen erfordern. Zu berücksichtigen sind aber auch die Emissionen, die bei der Herstellung von Dünger und Pflanzenschutzmitteln entstehen.

Flächenbedarf und Treibhausgasemissionen ausgewählter Gerichte

2,48	3,13	1,63	1,08	0,63
2,11 kg CO_2e	1,73 kg CO_2e	1,39 kg CO_2e	0,36 kg CO_2e	
3,56/3,33 m²	3,08/2,21 m²	2,23/1,94 m²	0,99/0,48 m²	0,45 m²
Hamburger mit Pommes und Salat (100 g Rindfleisch)	Schweinsbraten mit Rotkohl und Kartoffelklößen (200 g Schweinefleisch)	Bratwurst mit Brötchen (100 g Schweinefleisch 25 g Rindfleisch)	Lachs* und Gemüse *Aquakultur	Spaghetti mit Tomatensauce

Treibhausgasemissionen in kg CO_2-Äquivalente   Fleischanteil   Flächenbedarf (in m²)   Fleischanteil (in m²)

Quelle: WWF-Studie: Das große Fressen. Wie unsere Ernährungsgewohnheiten den Planeten gefährden

INDIREKTE EMISSIONEN

Indirekte Emissionen stammen aus den Landnutzungsänderungen, der Erschließung neuer Flächen für die Landwirtschaft. Für den Anbau von Getreide und Soja, um daraus Futtermittel zu erzeugen, werden große Flächen Regenwalds abgeholzt. Abgesehen von den Auswirkungen auf das globale Klima könnten diese Flächen auch für die unmittelbare Ernährung der Menschen genutzt werden. Berechnungen haben ergeben, dass das Getreide, das in der Tierfütterung eingesetzt wird, den Lebensmittelbedarf von 3,5 Milliarden Menschen befriedigen würde. Obwohl indirekte Emissionen einen bedeutenden Teil der gesamten Emissionen ausmachen, werden sie in der Berechnung nationaler THG-Emissionen nicht oder nur teilweise berücksichtigt. Insbesondere indirekte Emissionen, die durch Landnutzungsänderungen im Ausland verursacht werden, scheinen in den nationalen Berechnungen in der Regel nicht auf.

VERARBEITUNG, VERPACKUNG, TRANSPORT UND LAGERUNG

Bevor die Lebensmittel in unserer Küche landen, durchlaufen sie meist einen Veredelungsprozess bestehend aus Reinigung, Kühlung, Trocknung, Kochen oder Braten sowie Einfrierung. Dabei entstehen CO_2-Emissionen. Einige Produkte verursachen mehr Emissionen als andere, insbesondere komplexere Produkte mit einer längeren und vielschrittigen Verarbeitung (z. B. tiefgefrorene Pommes frites).

Hinzu kommen drei wesentliche CO_2-Emissions-Treiber in der Lebensmittelwertschöpfungskette: Verpackung, Lagerung und Transport.

Verpackungen verursachen mehr oder weniger CO_2-Emissionen, abhängig davon, woraus sie bestehen. Papierverpackungen verursachen geringere THG-Emissionen, während sich Kunststoff oder Glas sehr negativ auf unseren CO_2-Fußabdruck auswirken. Verpackungen tragen allerdings auch dazu bei, weitere Emissionen zu vermeiden, indem sie das Produkt vor dem Verderben und Wegwerfen bewahren.

Die Lagerung kann in drei Kategorien unterteilt werden: Lagerung vor der Vermarktung, Lagerung in den Supermärkten oder generell bei den Händlern sowie Lagerung in den Haushalten. Im Haushalt und bei den Großverbrauchern (Hotels und Restaurants) ist die Kühlung einer der Hauptverursacher von THG-Emissionen.

Die Lebensmitteltransporte haben sich in den letzten 20 Jahren verdoppelt, obwohl die Menschen etwa in Deutschland pro Person die gleiche Menge an Lebensmitteln verbrauchen. Das liegt daran, dass die Produkte komplexer werden und daher mehr Verarbeitungsprozesse durchlaufen als früher, aber auch daran, dass die einzelnen Betriebe sich zunehmend spezialisieren und die Zahl an Zwischen-Transporten stark zunimmt.

TIPP!

Bevorzugen Sie Produkte, die wenig verarbeitet sind, wenig Verpackung haben und nicht lang transportiert werden müssen!

WIE KÖNNEN WIR UNSEREN CO_2-FUSSABDRUCK VERRINGERN?

Der Verzehr verschiedener Lebensmittel hat unterschiedliche Folgen für das Klima: Gemüse verursacht in der Produktion deutlich weniger Emissionen als Fleisch. Auch andere Tierprodukte wie Butter, Käse, Sahne und Milch sind in der Produktion wasser- und energieintensiv und haben eine entsprechend schlechte CO_2e-Bilanz.

Die globale Fleischproduktion liegt heute bei mehr als 300 Millionen Tonnen pro Jahr und damit auf einem viermal so hohen Wert wie noch vor 50 Jahren. Auf 7 Milliarden Menschen kommen 27 Milliarden pro Jahr geschlachtete Tiere. Verantwortlich für die rasante Zunahme ist vor allem die steigende Nachfrage der globalen Mittel- und Oberschicht, die insbesondere in Schwellenländern rasant wächst.

In den westlichen Industrieländern sinkt der Fleischkonsum mittlerweile leicht, allerdings verspeist z. B. jeder Deutsche im Laufe seines Lebens durchschnittlich noch immer 1.094 Tiere: 4 Rinder, 4 Schafe, 12 Gänse, 37 Enten, 46 Schweine, 46 Puten und 945 Hühner.

Rinder	Schafe	Gänse	Enten	Schweine	Puten	Hühner
4	4	12	37	46	46	945

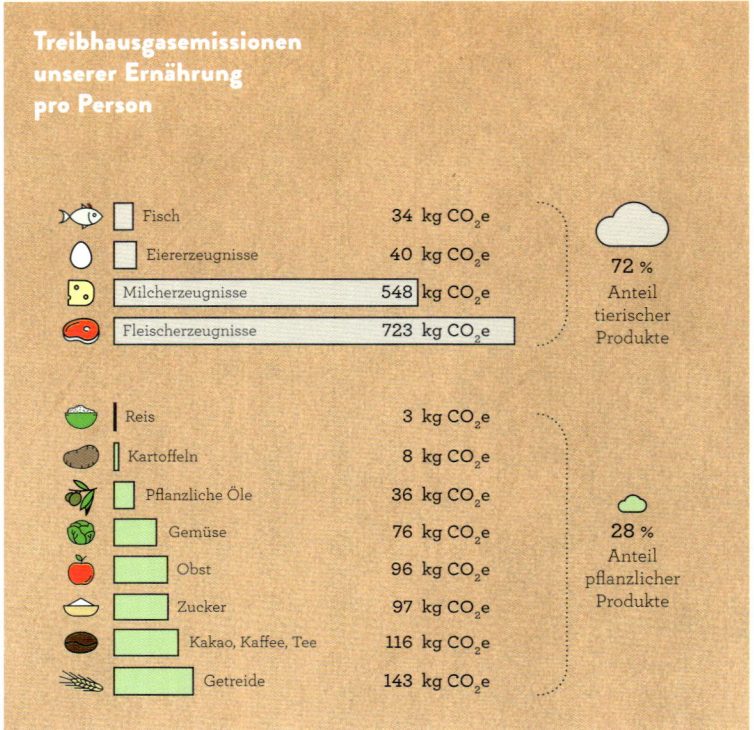

Treibhausgasemissionen unserer Ernährung pro Person

Fisch	34	kg CO$_2$e
Eiererzeugnisse	40	kg CO$_2$e
Milcherzeugnisse	548	kg CO$_2$e
Fleischerzeugnisse	723	kg CO$_2$e

72 % Anteil tierischer Produkte

Reis	3	kg CO$_2$e
Kartoffeln	8	kg CO$_2$e
Pflanzliche Öle	36	kg CO$_2$e
Gemüse	76	kg CO$_2$e
Obst	96	kg CO$_2$e
Zucker	97	kg CO$_2$e
Kakao, Kaffee, Tee	116	kg CO$_2$e
Getreide	143	kg CO$_2$e

28 % Anteil pflanzlicher Produkte

Quelle: WWF-Studie: Das große Fressen. Wie unsere Ernährungsgewohnheiten den Planeten gefährden

Durchschnittliche jährliche CO$_2$-Emissionen pro Person bei verschiedenen Ernährungsstilen

Durchschnittliche Ernährung — 1.991 kg CO$_2$e

Vegetarische Ernährung — 1.482 kg CO$_2$e

Vegane Ernährung — 1.250 kg CO$_2$e

Quelle: Ministerium für Umwelt, Klima und Energiewirtschaft Baden-Württemberg: Genuss-Kochbüchle (2015)

Würden wir unsere Ernährungsgewohnheiten ändern, weniger Fleisch und dafür mehr Obst, Gemüse und Getreide konsumieren, könnten wir die ernährungsbedingten CO$_2$-Emissionen um bis zu acht Prozent senken. Eine vegetarische bzw. vegane Ernährung senkt die Klimabilanz noch weiter.

Auch ökologisch erzeugte Lebensmittel sind für das Klima gut. Zu deren Erzeugung werden in der Regel weniger Rohstoffe und Energie eingesetzt und entsprechend weniger Treibhausgase ausgestoßen. Der Energieverbrauch im konventionellen Landbau ist zwei- bis dreimal so hoch wie in der ökologischen Landwirtschaft. Entsprechend stoßen Öko-Betriebe pro Hektar nur ungefähr die Hälfte bis ein Drittel der von der konventionellen Landwirtschaft auf der gleichen Fläche verursachten CO$_2$-Emissionen aus.

Die THG-Emissionen aus der Tierhaltung hängen sehr stark von Futterqualität, Länge des Tierlebens und Düngermanagement ab. Ökologisch erzeugte Milch etwa ist zehn Prozent und Öko-Schweinefleisch etwa ein Drittel weniger klimaschädlich als die entsprechenden konventionell erzeugten Produkte.

TIPP!

Überdenken Sie Ihre täglichen Kaufentscheidungen! Ernähren Sie sich möglichst regional, saisonal, bio und fair – damit tun Sie nicht nur sich selbst etwas Gutes, sondern schonen auch die Umwelt!

11 TIPPS, WIE SIE DIE KLIMABILANZ VERBESSERN KÖNNEN

1

Achten Sie darauf, dass die Kochtopfgröße genau jener der Herdplatte entspricht, um möglichst energieeffizient zu kochen.

2

Eine Menge Energie lässt sich einsparen, indem schlicht der Deckel auf den Topf gesetzt wird. Dadurch spart man übrigens auch Zeit: 1,5 l Wasser können in einem geschlossenen Topf dreimal so schnell zum Kochen gebracht werden wie in einem unverschlossenen.

3

Es lohnt sich, einen Schnellkochtopf zu benutzen, sobald die Kochzeit ca. 20 Minuten beträgt. Durch einen modernen Schnellkochtopf lassen sich im Vergleich zu einem herkömmlichen Kochtopf etwa 30 % Energie einsparen.

4

Vorausschauendes Handeln lohnt sich auch in der Küche: Wer Mahlzeiten z. B. in für zwei Tage reichenden Mengen zubereitet, spart Zeit und Energie, denn das Aufwärmen einer Mahlzeit kostet weniger Energie als die Zubereitung einer neuen.

5

Die Umluft-Einstellung des Backofens spart im Vergleich zur Ober-/Unterhitze eine Menge Energie, denn die warme Luft wird gleichmäßig im Ofen verteilt, weshalb eine niedrige Temperatur das gleiche Resultat erzielt wie eine höhere bei Ober-/Unterhitze.

6

Auch wenn die Lebensmittelpackung meist das Gegenteil behauptet: Vorheizen ist keineswegs Pflicht. Die meisten Gerichte können auch in den gerade erst gestarteten Ofen, wodurch sich bis zu ein Fünftel der benötigten Energie einsparen lässt.

7

Lebensmittel, die eine lange, ressourcen- und energieintensive Verarbeitungskette hinter sich haben, weisen eine schlechtere Klimabilanz auf. Tiefkühlpommes haben mit 0,84 kg CO_2e pro Kilo einen deutlich schlechteren Wert als frische Kartoffeln, die das Klima mit „nur" 0,16 kg CO_2e pro Kilo belasten.

8

Beim Grillen verursacht ein Holzkohlegrill fast dreimal so viele Treibhausgase wie ein Gasgrill. Wer lieber mit Holzkohle grillt, sollte wenigstens heimisches Brennholz verwenden. Kaufen Sie nach Möglichkeit Holzkohle mit FSC- oder Naturland-Siegel. Es garantiert die Einhaltung ökologischer Standards bei der Herstellung.

9

Grillen Sie statt Fleisch einfach einmal Gemüse! Schmackhaft sind z. B. mit Käse und Kräutern gefüllte Riesenchampignons, marinierte Auberginen und Zucchini, Kartoffeln und Veggie-Burger.

10

Das Gekochte einzufrieren ist auch nach einem Festmahl sinnvoll. Wer nach den Feiertagen oder wegen einer kurzfristigen Absage von Gästen noch etwas übrig hat, freut sich auch noch Monate später darüber.

11

Bei langfristiger Lagerung von Lebensmitteln ist es wichtig, sie vor Aromaverlust und Austrocknung zu bewahren. Zu diesem Zweck bieten sich luftdichte Behältnisse und Gefrierbeutel an.

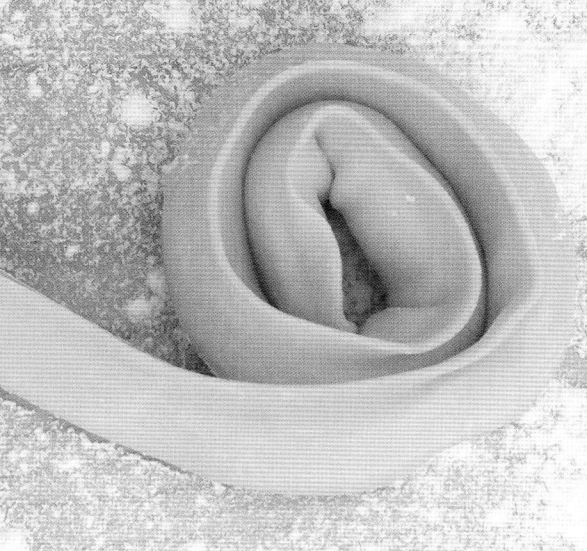

DIE REZEPTE

Tatar vom Rind mit Spargel und Parmesan

Für 4 Personen

ZUTATEN
300 g Rindfleisch (Schlegel)
50 g geschmorte Zwiebeln
(siehe Tipp)
Salz, Pfeffer aus der Mühle

Olivenöl
Zitronensaft
10 g Senf
4 Stangen grüner Spargel

ZUM ANRICHTEN
Parmesan, in hauchdünne
Scheiben gehobelt
Wildkräuter oder Salat

ZUBEREITUNG | Rindfleisch in dünne Scheiben schneiden, zwischen Klarsichtfolie legen, hauchdünn klopfen und in feine Würfel schneiden. Mit geschmorten Zwiebeln, Salz, Pfeffer, Olivenöl, Zitronensaft und Senf würzen. Tatar portionieren und kalt stellen. Spargel schälen und mit einem Kartoffelschäler in sehr dünne Scheiben schneiden.

ANRICHTEN | Tatar auf dem Teller anrichten und mit Spargel, Parmesan und Wildkräutern garnieren.

TIPP | Für die geschmorten Zwiebeln wird 1 fein gehackte Zwiebel in einer Mischung aus 50 g Butter und 50 g Olivenöl so lange gedünstet, bis die Zwiebel weich ist, aber keine Farbe angenommen hat. Anschließend das Butter-Öl-Gemisch abgießen und die geschmorten Zwiebeln auskühlen lassen. Sie halten sich im Kühlschrank etwa 1 Woche.

➡ Parmesan: S. 48 | Rindfleisch: S. 112 | Salat: S. 62 | Spargel: S. 32

SPARGEL

GESUNDHEIT

Spargel – Superfood, das vor der Haustür wächst?

Spargel enthält kaum Kalorien. Er besteht zu 90 Prozent aus Wasser und besitzt jede Menge Mineralien – viel Kalium, etwas Phosphor, Kalzium, Chrom, Zink, Magnesium, Eisen und sehr wenig Natrium. Chrom unterstützt das Blutzuckerhormon Insulin, Zink braucht unser Gehirn und die Verbindung von viel Kalium und wenig Natrium wirkt harntreibend. Allerdings kann roher Spargel bei einigen Menschen Allergien auslösen, im gekochten Zustand ist er nicht allergieauslösend.

NACHHALTIGE LANDWIRTSCHAFT

Wie sinnvoll ist der Spargelanbau mit Bodenheizung?

Spargel gedeiht am besten auf sandigen Böden, die sich im Frühjahr leicht und schnell aufwärmen. Damit man in Europa aber schon vor der eigentlichen Saison (April bis Juni) Spargel ernten kann, werden Spargelbeete heute oft beheizt (Bodenheizung). Durch den hohen Energieverbrauch, der mit dieser Methode einhergeht, ist die Klimabilanz eines solchen regionalen Spargels nicht besser als die von Importspargel, sondern eher schlechter.

VIELFALT UND DIVERSITÄT

Gibt es nur weißen und grünen Spargel?

Im Supermarkt findet man vor allem weißen und grünen Gemüsespargel (Asparagus officinalis). Grüner Spargel wächst über der Erde und bekommt seine Farbe durch die Bildung von Chlorophyll. Weißer Spargel schmeckt besonders mild. Er wächst unter der Erde. Er behält seine weiße Farbe, weil die Sprossachsen geerntet werden, ehe sie an die Erdoberfläche kommen.

Durch ausgefeilte Züchtungsmethoden gibt es unzählige Sorten Gemüsespargel, wobei von den alten Spargelsorten nur noch wenige angebaut werden.

In letzter Zeit findet man auf dem Markt immer häufiger auch wilden Spargel oder Waldspargel. Dabei handelt es sich allerdings nicht um echten Spargel, sondern um Sprossen der wilden Hopfenpflanze (Humulus lupulus) oder des Pyrenäen-Milchsterns (Ornithogalum pyrenaicum). Wilder Spargel ist besonders in den Mittelmeerländern und in Südostasien beliebt. Seine Stangen sind wesentlich dünner, aber sehr aromatisch und würzig. Vor dem Kochen muss er nicht geschält werden, sondern nur gewaschen. Am besten schmeckt wilder Spargel, wenn man ihn etwa fünf Minuten in Olivenöl anbrät.

ÖKOEFFEKTIVITÄT UND KREISLAUFWIRTSCHAFT

Was macht man mit Spargelschalen?

Beim Spargel gilt: Nichts wird verschwendet, alles wird verwendet! Sogar die Schalen und die abgeschnittenen harten Enden. Man kann sie sehr gut für die Zubereitung eines Spargelfonds verwenden, zum Beispiel für Risotto. Wer nur die Spitzen für ein Gericht verwenden will, kocht aus dem Rest einfach eine Spargelcremesuppe. In Scheiben geschnitten, kann man den nicht holzigen Teil der Stangen auch für Salate verwenden oder panieren und im heißen Fett ausbacken. Servieren Sie die gebackenen Stangen mit Bozner Sauce als schmackhafte Vorspeise.

RESSOURCENVERBRAUCH UND KREISLAUFWIRTSCHAFT

Welchen CO$_2$-Fußabdruck hat Importspargel?

Die Spargelsaison ist recht kurz. Sie beginnt in Mitteleuropa Anfang April und dauert bis Juni. In Deutschland wird die Spargelzeit traditionell am 24. Juni beendet. Danach wird der Spargel nicht mehr gestochen, um die Felder zu schonen.

Trotzdem wird Spargel fast das ganze Jahr über im Supermarkt angeboten. Es handelt sich dabei um Importware, die jedoch eine schlechte Klimabilanz aufweist. Beim Transport aus Südamerika sind die CO$_2$-Emission beispielsweise um 97 Prozent höher als bei saisonalem Spargel aus der Region. Deshalb sollte man Spargel wirklich nur dann kaufen, wenn er Saison hat. Außerdem schmeckt er frisch geerntet am besten!

WER HAT DIE BOZNER SAUCE ERFUNDEN?

In Südtirol wird Spargel meist mit Bozner Sauce serviert. Dabei handelt es sich um eine Sauce aus hart gekochten Eiern, Öl, Essig, Salz, Pfeffer und Schnittlauch. Wer der Erfinder dieser Köstlichkeit ist, kann nicht mehr genau festgestellt werden. Überliefert sind jedenfalls mehrere Entstehungsgeschichten. Eine erzählt, dass die Bozner Bürger vor über 100 Jahren nach Terlan zum Spargelessen kamen und oft hart gekochte Eier mitbrachten. Sie zerdrückten die Eier mit der Gabel und würzten sie mit Salz, Senf und Öl. Die Terlaner Wirte übernahmen die Sauce, die die Bozner so gerne aßen, da sie nicht wollten, dass sich die Gäste ihr Essen selbst mitbrachten. Die heute oft zu findende Variante mit Mayonnaise hat mit dem Original allerdings wenig zu tun.

Brotsuppe

Für 4 Personen

ZUTATEN
100 g Schwarzbrot
50 g Zwiebeln
30 g Butter oder Olivenöl
1 l Gemüsefond (siehe Tipp)
Salz, Pfeffer aus der Mühle

ZUM ANRICHTEN
Schüttelbrotbrösel
Petersilienblättchen

ZUBEREITUNG | Schwarzbrot in Würfel schneiden. Zwiebeln schälen, in Streifen schneiden und in Butter glasig anschwitzen. Schwarzbrot dazugeben und kurz anrösten. Mit Gemüsefond aufgießen und ungefähr 5 Minuten köcheln lassen. Mit Salz und Pfeffer abschmecken.

ANRICHTEN | Suppe auf Teller verteilen, mit Schüttelbrotbröseln und Petersilienblättchen garnieren.

TIPP | Für den Gemüsefond 1 Karotte, 1 mittelgroße Zwiebel, ½ Selleriestange, ½ Sellerieknolle, 1 Knoblauchzehe, 2 Stängel Petersilie, 1 Rosmarinzweig, 1 Lorbeerblatt und 5 Basilikumblätter in 2 l Wasser etwa 2 Stunden köcheln lassen und anschließend durch ein Sieb gießen.
Den Fond kann man gut in größeren Mengen zubereiten und portionsweise einfrieren.

Brot: S. 36 | Butter: S. 58 | Wurzelgemüse: S. 126

BROT

HERKUNFT, REGIONALITÄT, SAISONALITÄT

Ist frisches Brot aus dem Supermarkt wirklich frisch?

Wenn man über die Frage nachdenkt, kann man schnell mit einem Nein antworten. Im Gegensatz zum Bäcker bekommt man im Supermarkt von früh bis spät immer alle Brotsorten. Das ist nur möglich, weil zwei Drittel aller Brot- und Brötchensorten als „schussfertige" Teiglinge an den Supermarkt geliefert werden. Sie sind schon vorgebacken und müssen von den Verkäuferinnen nur noch zum Nachbräunen in den Backofen geschoben werden. Da sie warm sind, wenn wir sie in unsere Einkaufstaschen stecken, haben wir den Eindruck, wir hätten frische Backwaren gekauft. In Wirklichkeit wurden sie schon Tage oder sogar Wochen und Monate vor dem Verkauf hergestellt, meist in großen Produktionsanlagen in Osteuropa. Als Konsument erfährt man nichts über die Herkunft der Zutaten. Teilweise stammen sie aus lokaler Produktion, teilweise werden sie, wie die Kürbiskerne, aus Asien importiert. Woher die Zutaten wirklich stammen bzw. wann die Teiglinge produziert wurden, kann der Kunde nicht feststellen. Der Rest des Sortiments wird mithilfe industrieller Backmischungen hergestellt, die künstliche Enzyme enthalten. Sie müssen laut EU-Zusatzstoffverordnung nicht deklariert werden. Wissenschaftliche Untersuchungen lassen allerdings vermuten, dass diese Enzyme mitverantwortlich für Allergien sind.

GESUNDHEIT

Ist dunkles Brot immer Vollkornbrot und ist es besser als Weißbrot?

Für die Gesundheit sind Vollkornprodukte besser als Backwaren aus Weizenmehl, da sie mehr Vitamine, Ballaststoffe, Mineralien und ungesättigte Fettsäuren enthalten. Bei der Herstellung von Vollkornmehl wird das ganze Korn vermahlen, also auch die Randschichten und der wertvolle Keimling. Vollkornbrot muss zu mindestens 90 Prozent aus Vollkornmehl bzw. -schrot bestehen. Lassen Sie sich aber nicht von der dunklen Farbe beim Brot täuschen, denn Schwarzbrot ist nicht gleich Vollkornbrot! Im Allgemeinen wird dunkles Brot aus einer Mischung von Vollkorn- und Nicht-Vollkornmehl hergestellt. Für die typische tiefbraune Farbe sorgen bei diesen Sorten Zuckercouleur (besser bekannt als Lebensmittelzusatzstoff E 150 a), Zuckerrüben- oder Malzsirup.

Weißbrot wird aus Auszugsmehl hergestellt, in ihm ist mehr Stärke und weniger Eiweiß enthalten. Ballaststoffe, hochwertige Fette, fettlösliche Vitamine und andere Vitalstoffe, die in Vollkornprodukten sind und verdauungsfördernd wirken, fehlen in Backwaren aus weißem Mehl. Ihrer Gesundheit zuliebe sollten Sie auf Vollkornprodukte zurückgreifen. Wenn Sie allerdings glauben, auch ein Kornspitz sei ein Vollkornprodukt, dann irren Sie sich. Die Hauptzutaten sind Roggen- und Weizenmehl bzw. -schrot, Sojaschrot und Leinsamen. Ein Kornspitz ist also weder ein reines Roggen- noch ein Vollkornprodukt.

Fragen Sie beim Bäcker einfach einmal nach den Inhaltsstoffen seiner Backwaren. Ein Bäcker, der den Brotteig noch selbst ansetzt und nicht rund um die Uhr 20 verschiedene Sorten vorrätig hat, bäckt sein Brot garantiert ohne Fertigmischungen und Zusatzstoffe.

ÖKOEFFEKTIVITÄT UND KREISLAUFWIRTSCHAFT

Muss man altes Brot wegwerfen?

Häufig landet Brot im Hausmüll, weil es hart geworden ist. Das ist nicht nur unökologisch, sondern unnötig. Am besten wäre es, wenn man Brot möglichst immer nur in kleinen Mengen einkauft. Doch auch durch die richtige Lagerung kann man Brot noch einige Tage nach dem Einkauf essen. Generell gilt, je mehr Weizenmehl das Brot enthält, desto schneller wird es hart. Während Weizenbrote nur bis zu zwei Tage frisch bleiben, sind es bei Roggenbroten vier bis fünf Tage bzw. bei Schrot- und Vollkornbroten sogar sieben bis neun Tage. Und auch trockenes, hartes Brot muss man nicht gleich entsorgen. Aus altbackenem Brot kann man Semmelknödel, Brotsalate, arme Ritter, Brotsuppen oder Semmelbrösel zubereiten. Oder Sie machen daraus eine Brotcreme, die man wunderbar mit Käse und Speck genießen kann. Dazu werden 2 Esslöffel geriebenes Brot mit 1 Esslöffel geschmorten Zwiebeln und 10 Esslöffeln Gemüsefond vermischt, mit Salz gewürzt und aufgekocht.

In den Müll muss Brot nur, wenn es schimmelt. Denn Schimmel ist gesundheitsschädlich.

Wer sein Brot bei einem Bäcker kauft, der ohne Backmischungen bäckt, wird merken, dass es nicht so schnell alt wird wie das Brot aus dem Supermarkt. Denn je mehr Natursauerteig im Brot enthalten ist, desto länger bleibt es frisch.

EXKURS

WORAN ERKENNE ICH „GUTES" BROT?

Brot muss einem zuerst einmal schmecken! Doch woran erkennt man nun die Brotqualität? Zum einen am Preis, denn wenn qualitativ hochwertige Zutaten verwendet und diese auch noch handwerklich verarbeitet werden, ist das natürlich teurer. Und zum anderen an der Herstellungsmethode. Ein traditionell arbeitender Bäcker stellt sein Brot mit natürlichen Zutaten handwerklich her, also ohne Zusatzstoffe, mit Natursauerteig, der lange gehen muss, und mit Qualitätsprodukten (teilweise mit Bio-Mehl). Daneben gibt es Bäcker, die ihr Brot zwar handwerklich herstellen, aber mit Zusatzstoffen und biologisch-chemischen Hilfsmitteln arbeiten. Das heißt, sie verwenden spezielle Mehlmischungen mit mehr Klebereiweiß (Gluten), fertige Backmischungen und Enzyme, mit denen das Herstellungsverfahren verkürzt werden kann.

Großbäckereien, die nicht nur ihre eigenen Filialen beliefern, sondern auch Discounter, Supermärkte oder Mensen, fertigen das Brot industriell. Sie produzieren in großen Mengen und in immer gleicher Qualität. Dabei dürfen sie alle erlaubten Zusatzstoffe einsetzen. Neben frischen Backwaren liefern sie auch Teiglinge, die vor Ort regeneriert werden. Also fragen Sie beim Bäcker ruhig, welche Zutaten er verwendet und wie er arbeitet!

Weinsuppe
mit Zimtcroûtons

Für 4 Personen

ZUTATEN
250 g Gemüsefond
* (siehe S. 35)*
200 g Gewürztraminer
* oder Weißburgunder*
150 g Sahne

4 Eigelb
Salz, Pfeffer aus der Mühle
3 Scheiben Toastbrot
50 g Butter
Zimt

ZUM ANRICHTEN
Petersilie

ZUBEREITUNG | Gemüsefond, Weißwein, Sahne und Eigelb in einen Topf geben und auf dem Wasserbad (85 Grad) unter ständigem Rühren cremig aufschlagen. Die Suppe darf dabei nicht kochen! Mit Salz und Pfeffer würzen. Toastbrot entrinden und in mittelgroße Würfel schneiden. In einer Pfanne mit Butter anrösten und mit Zimt bestreuen.

ANRICHTEN | Suppe auf Teller verteilen, mit Zimtcroûtons und Petersilie garnieren.

Butter: S. 58 | Eier: S. 90 | Wein: S. 40 | Wurzelgemüse: S. 126

WEIN

GESUNDHEIT

Warum enthält Wein Sulfite und sind sie schädlich?

Auf fast allen Weinflaschen findet sich der Zusatz „enthält Sulfite". Viele Weintrinker sind davon verunsichert, denn Sulfite sind Salze, die bei der Verbindung von Schwefeldioxid und Wasser entstehen. Da Sulfite allergene Stoffe sind, muss ihre Verwendung nach einer EU-Verordnung von 2005 gekennzeichnet werden.

Sulfite bzw. Schwefeldioxid sind in geringer Konzentration in fast allen Weinen vorhanden, da diese Verbindungen bei der Gärung gebildet werden. Konventionell arbeitende Kellereien setzen dem Wein aber zusätzlich Sulfit zu. Sulfite haben eine antioxydative und antimikrobiologische Wirkung und verhindern, dass die Weine nachgären bzw. zu Essig werden. Die Sulfitkonzentration im Wein ist in der Regel sehr niedrig und für die menschliche Gesundheit unbedenklich. Sie können jedoch Unverträglichkeiten und Allergien hervorrufen. Bei trockenen Rotweinen ist die Konzentration von Sulfit am niedrigsten. Die für die Erzeugung von Bio-Wein geltenden Grenzwerte für Sulfit liegen etwa ein Drittel unter denen konventioneller Weine.

NACHHALTIGE LANDWIRTSCHAFT

Welche Auswirkungen hat der konventionelle Weinbau auf die Umwelt?

Der konventionelle Weinbau arbeitet mit den Methoden der intensiven Landwirtschaft, das heißt mit einem hohen Maschineneinsatz und der Verwendung von mineralischem Dünger und

KORKEN ODER GLASVERSCHLUSS?

Immer mehr Winzer suchen nach Alternativen zum klassischen Korkverschluss, der bislang als bester Weinverschluss galt. Der Korkverschluss ist jedoch keine Garantie für einen guten Wein. Ganz im Gegenteil: Wenn minderwertige Korken verwendet werden, kann der Wein schnell verderben und ungenießbar werden. Korken werden aus der Rinde der Korkeiche gefertigt. Diese Bäume wachsen rund ums Mittelmeer, vor allem in Portugal und Nordafrika. Korkeichen müssen 45 Jahre wachsen, ehe ihre Rinde zur Herstellung von Flaschenkorken verwendet werden kann. Alle neun Jahre ist Erntezeit, denn dazwischen müssen die Bäume geschont werden, damit sich die Rinde wieder regenerieren kann. Da die steigende Nachfrage nach hochwertigem Kork nicht ausreichend gedeckt werden kann, verschließen viele Winzer ihre Weinflaschen mit günstigeren, gut funktionierenden Alternativen (wie Schraub- und Drehverschlüsse, Kunststoffverschlüsse, Presskorken oder Glasstöpsel).

Pflanzenschutzmitteln. Dadurch ergeben sich große Probleme für die Umwelt, vor allem durch die Überdüngung von Agrarflächen, Bodenerosion bzw. -verdichtung sowie die Verschmutzung des Grundwassers. Die Rückstandsgrenzwerte liegen beim Weinbau über denen des Obstbaus. Die Folgeschäden der intensiven Landwirtschaft – also die Bodenerosion bzw. -versauerung, die durch die Gewinnung und den Einsatz von synthetischem Dünger auf Mineralölbasis bzw. von Herbiziden und Pestiziden verursacht werden, die Wasserverschmutzung, die Verstärkung des Klimawandels und ernährungsbedingte Krankheiten – zählen zu den versteckten Kosten bei der Lebensmittelproduktion. Sie hängen stark vom Produkt und seiner Herstellungsweise ab.

So erzeugen konventionell angebaute Weintrauben pro Jahr und Hektar Klimaschäden im Wert von etwa 3.000 Euro, während Bio-Weintrauben einen Klimanutzen von fast 1.800 Euro haben.

Was versteht man unter biodynamischem Wein?

In den letzten Jahren haben immer mehr Winzer ihren Anbau umgestellt und arbeiten nach den Prinzipien der biodynamischen Landwirtschaft. Diese Weinbauern verwenden statt Dünger und Pestiziden biologisch-dynamische Präparate, die das Wachstum, die Widerstandsfähigkeit und die Qualität der Trauben verbessern. Meist versuchen sie durch penibel saubere Keller den Einsatz von Schwefel so niedrig wie möglich zu halten. Der aus diesen Trauben erzeugte Wein

wird als biodynamischer Wein bezeichnet.

RESSOURCENVERBRAUCH UND KLIMASCHUTZ

Wie sieht die Klimabilanz von einem Liter Wein aus?

Die Weinproduktion verbraucht sehr viel Energie und verursacht einen hohen CO_2-Ausstoß. Im Rahmen eines Forschungsprojektes in der österreichischen Weinbauregion Traisental wurde festgestellt, dass für die Herstellung von einem Liter Wein zwischen 1,7 und 1,9 Kilogramm CO_2-Äquivalente ausgestoßen werden. Das entspricht einer ungefähr 5 km langen Fahrt mit dem Auto. Etwa ein Viertel der Emissionen entfällt auf die Produktion von Dünge- und Pflanzenschutzmitteln.

EXKURS

GLYPHOSAT UND SEINE AUSWIRKUNGEN AUF UNSERE GESUNDHEIT

Glyphosat ist der Hauptbestandteil vieler Unkrautvernichtungsmittel und für fast alle Pflanzen giftig. 1971 ließ sich der Chemiekonzern Monsanto Glyphosat patentieren und brachte das Mittel unter dem Namen Roundup auf den Markt. Nachdem das Patent heute abgelaufen ist, wird Glyphosat von vielen anderen Konzernen auch produ-

ziert, vor allem in China. Die moderne Landwirtschaft verwendet Glyphosat großflächig beim Anbau von Winterraps, Hülsenfrüchten, Wintergerste und Sommergetreide. Die Felder werden vor der Aussaat gespritzt, um Wildkräuter zu vernichten, vor der Ernte soll das Mittel die Reifung der Kulturpflanzen beschleunigen.
Auch nach der Ernte kommt Glyphosat wieder zum Einsatz. Dann werden nämlich die übrig gebliebenen Stoppeln besprüht, um den Unkrautbewuchs des Bodens vor seiner Bearbeitung zu unterbinden. Wegen

dieses großzügigen Einsatzes findet man in fast allen Grundnahrungsmitteln Glyphosatrückstände, zum Beispiel in Weizen, Teig- und Backwaren, Mais, Soja und Zucker. Die Wirkung von Glyphosat auf Tiere (Säugetiere, Vögel, Fische und Wirbellose) wurde umfangreich untersucht. Obwohl man festgestellt hat, dass Glyphosat krebserregend ist – wahrscheinlich auch beim Menschen –, wurde der Einsatz dieses Pflanzenschutzmittels nie reglementiert. Glyphosat greift in die Zellen ein und verursacht DNA- und Chromosomenschäden.

Spargeleintopf
mit Schinkentortellini

Für 4 Personen

FÜR DEN SPARGELEINTOPF

12 Stangen Terlaner Spargel
12 Stangen Grüner Spargel
2 Frühlingszwiebeln
(ohne Grün)
Olivenöl
Salz, Pfeffer aus der Mühle
1,5 l Gemüsefond
1 EL Schnittlauch,
fein geschnitten
10 Basilikumblätter

FÜR DIE SCHINKEN-
TORTELLINI

250 g gekochter
Bauernschinken
100 g Sahne
300 g Nudelteig
(siehe S. 47)

ZUM ANRICHTEN

90 g Parmesanspäne
Olivenöl extra vergine

ZUBEREITUNG | Beide Spargelsorten schälen und in mittelgroße Stücke schneiden. Frühlingszwiebeln schälen und in Spalten schneiden. Olivenöl in einem Topf erhitzen und Spargel und Zwiebeln darin farblos anschwitzen. Salzen, pfeffern und mit Gemüsefond aufgießen. Ungefähr 6–7 Minuten garen. Mit Schnittlauch und Basilikumblättern würzen.

Für die Tortellini den Schinken von Fett und Schwarte befreien, klein schneiden und mit Sahne im Mixer fein pürieren. Den Nudelteig mit der Nudelmaschine dünn ausrollen und in Quadrate schneiden. Auf jedes Quadrat etwas Schinken-füllung geben. Die Nudelteigränder mit Wasser bestreichen, übereinanderklappen und fest andrücken. Tortellini formen und in Salzwasser etwa 3–4 Minuten kochen.

ANRICHTEN | Spargeleintopf in einen tiefen Teller geben, mit den Tortellini garnieren und mit Parmesanspänen bestreuen. Mit etwas Olivenöl beträufeln.

Eier: S. 90 | Parmesan: S. 48 | Schinken: S. 44 | Spargel: S. 32

SCHINKEN

GESUNDHEIT

Enthält Schinken krebserregende Stoffe?

Beim Räuchern von Schinken und Wurstwaren entstehen durch Hitzeeinwirkung sogenannte polyzyklische aromatische Kohlenwasserstoffe (PAK), die im Verdacht stehen, krebserregend zu sein. Darüber hinaus vermutet man, dass das für die Konservierung verwendete Nitritpökelsalz bzw. das zur Schimmelhemmung eingesetzte Sorbat zur Krebsbildung beiträgt. Nitritpökelsalz konserviert Wurstwaren nicht nur, indem es schädliche Mikro-

organismen hemmt, sondern es verleiht der Wurst auch die typische rote Farbe, das sogenannte Pökelrot.

Bei italienischen Schinkensorten wie Prosciutto di Parma DOP oder Prosciutto San Daniele DOP ist die Verwendung von Konservierungsmitteln verboten. Die nur mit Meersalz eingeriebenen Schinken reifen lange an der Luft und werden auf diese Weise konserviert.

Was ist Formfleisch bzw. Analogschinken?

Dabei handelt es sich um einen Schinken-Ersatz, der in der Produktion deutlich günstiger ist als hochwertiger Schinken. Neben zerkleinertem Fleisch, vor allem aus der Schulter, enthalten die Schinkenimitate jede Menge Wasser, Bindemittel und Soja- oder Milcheiweiß. Obwohl viele Menschen allergisch auf Soja- oder Milcheiweiß reagieren, werden die Kunden häufig nicht darauf hingewiesen, dass sich diese Stoffe im „Schinken" befinden. Analogschinken wird – ebenso wie Analogkäse – häufig in Fertigprodukten wie Pizza verwendet. Für den Verbraucher

ist Schinken aus Formfleisch nicht immer leicht zu erkennen. Manche enthalten bis zu 90 Prozent Fleisch, andere nur 50 Prozent, dafür aber umso mehr Wasser, Binde- und Verdickungsmittel. Wenn die Pizza mit dem Schinkenimitat erst einmal im Backofen war, wird es noch schwerer, den Betrug zu erkennen. Fragen Sie unbedingt, um was für einen Schinken es sich handelt, bzw. lesen Sie sich die Zutatenliste gründlich durch und glauben Sie nicht den Bildern, die das Produkt bewerben.

VIELFALT UND DIVERSITÄT

Gekocht, geräuchert oder luftgetrocknet – welcher Schinken soll es sein?

Schinken lässt sich in allerhand Kategorien und Sorten unterteilen. Neben den gekochten Schinkensorten gibt es die rohen, die wiederum in geräucherter oder luftgetrockneter Form erhältlich sind. Kochschinken werden bei 80 bis 85 Grad gegart, Rohschinken auf verschiedene Arten mit Salz behandelt, also gepökelt. Auf das Pökeln folgt das sogenannte Brennen. Das ist eine mehrtägige Ruhephase, in der sich das Salz im Schinken verteilt und dieser nachreift. Das darauf folgende Abwaschen oder Wässern des Schinkens garantiert, dass der Schinken nur das gewünschte Salzniveau hat. Erst dann wird er geräuchert oder eben luftgetrocknet. Entscheidend für den Geschmack sind beim Räuchern vor allem die verbrannten Holzsorten. Während diese Form der Konservierung eher in nördlichen Regionen anzutreffen ist, ist die Lufttrocknung hauptsächlich im Mittelmeerraum verbreitet. Schinkensorten werden außerdem noch nach ihrer geografischen Herkunft unterschieden, die immer auch für eine spezielle Art der Herstellung steht. In Europa hat fast jede Region ihre eigene Schinkenspezialität. Die berühmtesten Beispiele sind wohl der spanische Serrano-Schinken, der italienische Parmaschinken oder der Schwarzwälder Schinken aus Deutschland.

Der in Südtirol hergestellte Südtiroler Speck hat nichts mit dem zu tun, was in Deutschland unter „Speck" verstanden wird. Es handelt sich hierbei ebenfalls um einen Schinken, bei dem sich die beiden Konservierungsmethoden (Reifung an der Luft und Räuchern) verbinden.

Cannelloni mit Topfenfüllung und Gemüsesauce

Für 4 Personen

ZUTATEN
150 g Nudelteig (siehe Tipp)

FÜR DIE FÜLLUNG
100 g Topfen
1 Schalotte
4 Basilikumblätter
1 EL Butter
Salz, Pfeffer aus der Mühle

FÜR DIE GEMÜSESAUCE
60 g Karotten
60 g Selleriestange
60 g Sellerieknolle
60 g grüne Bohnen
30 g Gemüsefond
  (siehe S. 35)
50 g kalte Butter,
  in Würfel geschnitten

ZUM ANRICHTEN
50 g Parmesanspäne
Basilikumblätter

ZUBEREITUNG | Topfen durch ein Sieb streichen. Schalotte schälen und fein hacken, Basilikumblätter waschen, trocken tupfen und in Streifen schneiden. Butter erhitzen und Schalotte darin anschwitzen. Basilikum und Topfen zugeben, mit Salz und Pfeffer würzen und gut verrühren. Für die Sauce Gemüse getrennt kurz blanchieren und in kaltem Wasser abschrecken. Gut abtropfen lassen. Gemüsefond aufkochen und vom Herd nehmen. Die eiskalten Butterwürfel langsam einrühren, sodass die Sauce bindet, Gemüse dazugeben und mit Salz und Pfeffer würzen.
Nudelteig zu etwa 70 cm langen, dünnen Bahnen ausrollen. Jede Nudelteigbahn in der Mitte längs durchschneiden. Mit einem Spritzbeutel Topfenmasse als etwa 1 cm dicken Streifen auf jedes Nudelblatt spritzen. Teig über die Füllung klappen und gut zusammendrücken. Die Ränder gleichmäßig abschneiden und wie eine Schnecke aufrollen. Cannelloni in Salzwasser etwa 7 Minuten kochen.

ANRICHTEN | Cannelloni auf Teller setzen, Gemüsesauce darübergeben und mit Parmesanspänen und Basilikum garnieren.

TIPP | Für den Nudelteig 200 g Weizenmehl und 50 g Hartweizengrieß mit 8 Eigelb, 1 EL Olivenöl und 5 g Salz zu einem elastischen Teig verkneten. Den Teig in ein Küchentuch wickeln und 2–3 Stunden im Kühlschrank ruhen lassen.

Butter: S. 58 | Eier: S. 90 | Gemüse: S. 78 | Parmesan: S. 48 | Topfen: S. 70 | Wurzelgemüse: S. 126

PARMESAN

Darf sich jeder Hartkäse Parmesan nennen?

Der Parmesan ist wohl die bekannteste italienische Käsesorte und das Synonym für geriebenen Käse. Obwohl das so nicht stimmt. Der Hartkäse, der einfach auf jedes Nudelgericht gehört, trägt im Italienischen die Bezeichnung „Granakäse". Damit wird die körnige Struktur des Käsebruchs beschrieben. Unterschieden werden zwei Sorten: Grana Padano und Parmigiano Reggiano. Beide tragen die von der EU geschützte Ursprungsbezeichnung. Käse mit dem Namen Grana Padano darf in der gesamten Po-Ebene hergestellt werden, also in einem Gebiet, das vom Fuß der Westalpen bis an die Küsten der Adria reicht. Parmigiano Reggiano hingegen muss in der Gegend um Parma und Reggio nell'Emilia produziert werden.

Worin besteht der Unterschied zwischen Grana Padano und Parmigiano Reggiano?

Der Unterschied zwischen den beiden Käsesorten liegt nicht nur in ihrem Produktionsgebiet. Auch die Mindestreifedauer unterscheidet Grana Padano und Parmigiano Reggiano. Beim Ersten liegt sie bei neun Monaten und beim Zweiten bei zwölf. Meist werden die aus nicht pasteurisierter Rohmilch hergestellten Hartkäse aber länger gelagert, ehe sie in den Verkauf kommen. Je älter ein Parmesan oder Grana, desto intensiver sein Geschmack.

Darüber hinaus gibt es Unterschiede bei der Fütterung der Rinder. Während die Kühe, deren Milch für den Grana verwendet wird, auch mit Silage gefüttert werden dürfen, ist dies für Parmesan verboten. Die Tiere bekommen ausschließlich Gras, Heu und Luzerne. Welche der beiden Käsesorten besser ist, lässt sich nicht leicht beantworten. Probieren Sie einfach, welche Sorte Ihnen besser schmeckt! Wichtig ist natürlich auch, wozu sie den Käse benutzen. Denn es gibt gewaltige Preisunterschiede zwischen Grana und Parmesan: Parmigiano Reggiano ist wegen der strengeren Herstellungskriterien und der längeren Reifedauer nämlich deutlich teurer als Grana Padano. Deshalb reicht für die Nudeln vielleicht schon ein junger Käse, während man einen alten gereiften Parmigiano oder Grana am besten allein oder mit ein paar Tropfen altem Balsamico genießt.

In beiden Produktionsgebieten haben einige Rinderzüchter die alten traditionellen Rassen (Bianca Modenese und Vacca rossa) wiederbelebt. Zwar geben sie weniger Milch als die Turbokühe, aber dafür wird daraus auch kein Allerweltskäse hergestellt, sondern einer mit einem besonderen Geschmack.

ÖKOEFFEKTIVITÄT UND KREISLAUFWIRTSCHAFT

Was macht man mit der Rinde vom Parmesan?

Die Rinde vom Parmesan ist sehr hart und wird häufig weggeworfen. Aber das muss nicht sein, denn in ihr steckt jede Menge Geschmack. Die Schutzschicht des Käses ist absolut natürlich und zum Verzehr geeignet. Man kann die Rinde – im Stück oder zerkleinert – zum Beispiel für Eintöpfe wie Minestrone verwenden. Wenn man sie auskocht, bleibt der Parmesangeschmack in der Suppe.

Die „**Ursprungsbezeichnung**" (g.U.) besagt, dass Erzeugung, Verarbeitung und Herstellung eines Produkts in einem bestimmten geografischen Gebiet erfolgen müssen. Seine Qualität verdankt das Produkt überwiegend oder ausschließlich diesem Gebiet.

Bei der „**geografischen Angabe**" (g.g.A) reicht es aus, dass einer der Produktionsschritte in dem Gebiet erfolgt. Dennoch sind Qualität, Ansehen oder Eigenschaften des Produktes wesentlich auf dieses Gebiet zurückzuführen.

Ziegenkäseflan mit Kürbisragout und Amarettobröseln

Für 4 Personen

FÜR DEN ZIEGENKÄSE-FLAN
200 g Sahne
100 g Milch
250 g Ziegenfrischkäse
20 g Kartoffelmehl
Salz, Pfeffer aus der Mühle
3 Eier
etwas Butter

FÜR DAS KÜRBISRAGOUT
400 g Kürbis, ohne Schale
1 Schalotte, fein gehackt
Olivenöl
200 g Sahne
50 g Gemüsefond
   (siehe S. 35)
100 g Milch
Salz, Pfeffer aus der Mühle

ZUM ANRICHTEN
20 g Amarettokekse,
   zerbröselt

ZUBEREITUNG | Für den Flan Sahne und Milch aufkochen. Zusammen mit Ziegenfrischkäse, Kartoffelmehl, Salz und Pfeffer in den Mixer geben. Eier unter ständigem Rühren zufügen. Förmchen mit Butter ausstreichen, Masse hineingeben und in eine mit Küchenpapier ausgelegte Auflaufform stellen. Auflaufform bis kurz unter den Rand der Förmchen mit kochendem Wasser füllen. Im vorgeheizten Backofen bei 120 Grad 20 Minuten garen.
Kürbis in mittelgroße Würfel schneiden. Schalotten in Olivenöl andünsten und 250 g Kürbiswürfel dazugeben, ebenfalls andünsten. Mit Sahne und Gemüsefond aufgießen und etwa 20 Minuten kochen lassen. Im Mixer pürieren, mit Salz und Pfeffer würzen und warm stellen. Die restlichen Kürbiswürfel etwa 10 Minuten in Olivenöl dünsten.

ANRICHTEN | Kürbissauce als Spiegel auf die Tellermitte geben, mit Kürbiswürfeln bestreuen. Ziegenkäseflan darauf anrichten und mit Amarettobröseln garnieren.

TIPP | Sie können den Flan auch noch mit gereiftem Ziegenkäse bestreuen.

Butter: S. 58 | Eier: S. 90 | Kürbis: S. 53 | Milch: S. 166 | Wurzelgemüse: S. 126 | Ziegenkäse: S. 52

ZIEGENKÄSE

HERKUNFT, REGIONALITÄT, SAISONALITÄT

Ist die Herstellung von Ziegenkäse an eine bestimmte Jahreszeit gebunden?

Ziegenkäse wird immer beliebter. Vor allem die Menschen in den Ländern des Mittelmeerraums schätzen den würzigen Geschmack von Ziegenkäse. So gibt es in Frankreich etwa 100 verschiedene Sorten. Die Ziegen geben vom Frühjahr bis Oktober Milch. In der Zeit dazwischen werden die tragenden Tiere nicht gemolken, sondern erst wieder nach der Geburt der Kitze. Bestimmte Käsesorten wie Frischkäse haben nur in dieser Zeit Saison. Sorten, die hingegen länger reifen, werden das ganze Jahr über verkauft.

VIELFALT UND DIVERSITÄT

Welche Sorten gibt es?

Die Vielfalt reicht vom Frischkäse über Weichkäse bis zum Hartkäse. Je nach Alter, Herkunft und Anteil der Ziegenmilch schmeckt der Käse unterschiedlich. Das Aroma reicht von mildcremig über würzig-aromatisch bis pikant-scharf. Junger Ziegenfrischkäse schmeckt oft auch Menschen, die über Ziegenmilch sonst die Nase rümpfen. Nicht immer wird Ziegenkäse zu 100 Prozent aus Ziegenmilch hergestellt, oft wird Kuh- oder Schafsmilch untergemischt. Allerdings muss das dann auf der Verpackung vermerkt sein.

GESUNDHEIT

Ist Ziegenkäse bekömmlicher als Käse aus Kuhmilch?

Ziegenkäse hat nicht nur weniger Kalorien als andere Käsesorten, er ist auch hochwertiger, weil Ziegenmilch weniger Fett und Milchzucker enthält als Kuhmilch. Darüber hinaus macht der höhere Gehalt an kurzkettigen Fettsäuren Ziegenmilch besonders bekömmlich – auch für Menschen mit Laktoseunverträglichkeit.

Um sicher zu gehen, dass der Ziegenkäse nicht mit gentechnisch erzeugtem Lab hergestellt wurde, sollte man zu Bio-Ziegenkäse greifen.

WUSSTEN SIE, DASS …

… man beim Ziegenkäse keine Reifezeit beachten muss?

Ziegenkäse kann man in jedem Stadium genießen: frisch, halbreif oder reif. Je nach Fortschritt der Reifung ändert sich der Geschmack. Junge Käse haben ein mildes und frisches Aroma, während gereifte Käse würzig und trocken schmecken. Je jünger der Käse, desto weniger schmeckt er nach „Ziege".

… schon unsere Vorfahren in der Steinzeit Bekanntschaft mit Käse gemacht haben?

Natürlich war das kein Käse im heutigen Sinn. Aber die steinzeitlichen Jäger fanden im Magen junger Beutetiere, die zuvor Muttermilch getrunken hatten, gallertartige Klumpen, den sogenannten Labquark. Für Ötzis Zeitgenossen war das ein echter Leckerbissen.

KÜRBIS

HERKUNFT, REGIONALITÄT, SAISONALITÄT

Wann haben Kürbisse Saison?
Die Kürbiszeit beginnt am Ende des Sommers und reicht bis November. Kühl und trocken gelagert, kann man Kürbisse ungefähr sechs Monate aufheben. Geschält und in Stücke geschnitten oder gekocht und püriert, kann man Kürbis auch sehr gut einfrieren.

VIELFALT UND DIVERSITÄT

Kann man alle Kürbisse essen?
Kürbisse gibt es in vielen Farben, Formen und Größen. Je nach Sorte sind sie orange, gelb, grün oder sogar schwarz. Sie sind nicht nur rund oder oval, sondern können die seltsamsten Formen haben, wie die Bischofsmütze, die wie ein Turban aussieht. Zu den bekanntesten Sorten zählen: Hokkaido, der große Mandarin, Ambercup, Butternut und Bischofsmütze. Weltweit gibt es über 800 Kürbissorten. Die meisten von ihnen sind für den Verzehr geeignet. Nicht essen kann man hingegen die kleinen bunten Zierkürbisse. Sie können wegen ihrer giftigen Inhaltsstoffe nur als Dekoration verwendet werden.

ÖKOEFFEKTIVITÄT UND KREISLAUFWIRTSCHAFT

Ist nur Kürbisfruchtfleisch essbar?
Nein, man kann auch die Kerne und teilweise sogar die Schale essen. Kürbiskerne kann man trocknen, rösten und zum Verfeinern von Salaten, Brot, Brötchen und Müsli verwenden. In vielen Ländern sind sie eine beliebte Knabberei. Aus den Kernen wird in der Steiermark das dunkelgrüne Kürbiskernöl gewonnen, das wunderbar zu Suppen oder Salaten passt.
Die Schale bei Hokkaido und Butternut ist sehr dünn und kann mitgegessen werden. Sie ist sogar besonders gesund, weil sie reich an Beta-Karotin ist, das von unserem Körper in Vitamin A umgewandelt wird. Wenn Sie diese Sorten aus biologischem Anbau kaufen, brauchen Sie den Kürbis vor der Zubereitung nur zu waschen, aber nicht zu schälen.

GESUNDHEIT

Weshalb ist Kürbiskernöl gesund?
Kürbiskernöl enthält neben Provitamin A, Vitamin B, C und E, Eisen, Kalzium, Magnesium, Selen und Zink auch gesunde, ungesättigte Fettsäuren, die den Cholesterinspiegel positiv beeinflussen und somit Arteriosklerose, Herzinfarkt bzw. Schlaganfällen vorbeugen. Besonders empfohlen wird das Öl bei Blasenbeschwerden und Prostataproblemen. Kürbiskernöl hat einen großen Anteil an Antioxidantien, die krebsvorbeugend und antibakteriell wirken. Sie stärken das Immunsystem und verzögern den Alterungsprozess. Kürbiskernöl sollte nur in der kalten Küche verwendet werden, da die Vitamine und anderen Inhaltsstoffe sonst verloren gehen.

Nudelblätter mit Steinpilzbutter

Für 4 Personen

ZUTATEN
FÜR DEN NUDELTEIG
100 g Weizenmehl
100 g Hartweizengrieß
1 Eigelb
2 Eier
1 EL Olivenöl

FÜR DIE STEINPILZBUTTER
50 g Steinpilze,
* in Würfel geschnitten*
Olivenöl
30 g Gemüsefond
* (siehe S. 35)*
150 g kalte Butter
Salz, Pfeffer aus der Mühle
2 EL Petersilie, fein gehackt

ZUM ANRICHTEN
50 g Parmesan, gerieben
200 g frittierte Kartoffel-
* würfel*

ZUBEREITUNG | Alle Zutaten für den Nudelteig zu einem glatten, geschmeidigen Teig verkneten, in Klarsichtfolie wickeln und 1 Stunde ruhen lassen.

Den Nudelteig dünn ausrollen und daraus 16 Nudelblätter (10 x 20 cm) schneiden, 3 Minuten in Salzwasser kochen.

Für die Steinpilzbutter die Steinpilze kurz in Olivenöl andünsten. Gemüsefond aufkochen und vom Herd nehmen. Die kalte Butter langsam einrühren, sodass die Sauce bindet und schön cremig wird. Steinpilze, Salz, Pfeffer und Petersilie unterrühren.

ANRICHTEN | Nudelblätter auf Tellern anrichten, mit Steinpilzbutter beträufeln und mit Parmesan und frittierten Kartoffelwürfeln garnieren.

Butter: S. 58 | Eier: S. 90 | Parmesan: S. 48 | Steinpilze: S. 56 | Wurzelgemüse: S. 126

STEINPILZE

HERKUNFT, REGIONALITÄT, SAISONALITÄT

Woher kommen Steinpilze, wann haben sie Saison?

Steinpilze sind Wildpilze und wachsen vor allem auf der Nordhalbkugel, darunter vereinzelt auch in Marokko und Mexiko. Im Gegensatz zu anderen Pilzen, zum Beispiel Champignons, kann man Steinpilze nicht in Kulturen züchten. Sie wachsen – je nach Witterungsverhältnissen – vom Frühsommer (Juni) bis zum ersten Frost. Getrocknet oder eingelegt sind Steinpilze das ganze Jahr über erhältlich. Da sie gesammelt werden müssen, sind sie relativ teuer. In Deutschland stehen Steinpilze unter Naturschutz und dürfen nur in geringen Mengen für den Eigenbedarf gepflückt werden. Auf dem Markt findet man neben frischen Steinpilzen aus den Alpenregionen solche aus den Balkanländern Albanien und Montenegro.

Was haben Steinpilze und Zigaretten gemeinsam?

Wie alle Waldpilze können auch Steinpilze giftige Schwermetalle wie Blei oder Kadmium enthalten. In einigen Gegenden ist der Steinpilz seit dem Reaktorunfall in Tschernobyl noch immer radioaktiv belastet. Deshalb wird empfohlen, nicht mehr als 250 Gramm Steinpilze pro Woche zu verzehren. Schwangere, Stillende und Kleinkinder sollten überhaupt keine Waldpilze zu sich nehmen.

Fast 90 Prozent der getrockneten Steinpilze, die auf dem europäischen Markt verkauft werden, stammen aus China. In den letzten Jahren wurden in diesen Pilzen sehr hohe Nikotinkonzentrationen festgestellt. Die chinesischen Pilze kommen aus der Provinz Yunnan, die auch ein wichtiges Tabakanbaugebiet ist. Unklar ist, wie das Nikotin in die Pilze gelangt. Möglicherweise werden sie in derselben Anlage gedörrt wie der Tabak. Nicht ausgeschlossen werden kann, dass Nikotin dort aber auch benutzt wird, um die getrockneten Pilze vor Maden, Schnecken und Co. zu schützen. In großen Mengen genossen, können diese Pilze im menschlichen Körper ähnliche Effekte auslösen wie das Rauchen.

GESUNDHEIT

Welchen Nährwert haben (Stein-)Pilze?

Genau wie alle andere Pilze haben Steinpilze so gut wie keinen Nährwert. Sie enthalten fast nur Wasser und Mineralien. Bei Steinpilzen beträgt der Wassergehalt 87 Prozent und der Eiweißgehalt (pro 100 Gramm) 2,7 Gramm. Da Pilze nur in kleinen Mengen gegessen werden sollen, spielen sie in der menschlichen Ernährung nur eine sehr untergeordnete Rolle.

Getrocknete Pilze – ja oder nein?

Pilze werden, wie Dörrobst auch, oft zu Konservierungszwecken mit Schwefel behandelt. Man merkt das am säuerlich-beißenden Geruch, an der matten Farbe und daran, dass sie, wenn man sie teilt, an der Schnittstelle schnell oxidieren. Eigentlich ist diese Art der Konservierung überhaupt nicht nötig, denn getrocknete Pilze sind auch ohne Chemie lange haltbar. Versuchen Sie ruhig selbst einmal Pilze zu trocknen. Am besten geht es mit einem Dörrapparat, aber Sie können die Pilze auch in Scheiben schneiden, auf einer Faden fädeln und an der Luft trocknen lassen.

KANN MAN GETROCKNETE STEINPILZE FÄLSCHEN?

Augen auf beim Kauf von getrockneten Steinpilzen! Es ist schon vorgekommen, dass getrocknete Auberginen unter die Pilze gemischt wurden, die ein ähnliches Aussehen und eine ähnliche Konsistenz haben.

BUTTER

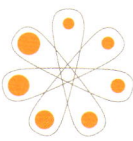

VIELFALT UND DIVERSITÄT

Butter oder Margarine – was ist besser?

Butter gibt es in verschiedenen Varianten zu kaufen. Man unterscheidet Süß- und Sauerrahmbutter, mild gesäuerte Butter, fettreduzierte Butter, Rohmilchbutter und Butterschmalz. Die wohl beliebteste Alternative zu Butter ist pflanzliche Margarine. Doch nicht jede Margarine ist von guter Qualität. Wichtig ist, dass die Margarine nur aus

rein pflanzlichen Fetten besteht und somit cholesterinfrei ist. Schauen Sie unbedingt auf der Zutatenliste nach, denn beides ist keinesfalls garantiert. Außerdem sollte die Margarine keine gehärteten Fette enthalten. Bei Bio-Margarine können Sie sicher sein, dass sie rein pflanzlich, ohne gehärtete Fette und von guter Qualität ist.

Während Margarine mehrere lebensmitteltechnische Prozesse durchlaufen muss, ehe sie streichfähig ist, ist Butter ein kaum verarbeitetes Lebensmittel. Butter hat mehr Geschmack. Wer Gebäck mit einer mürben Konsistenz liebt, der sollte zum Backen lieber zur Butter greifen. Ansonsten gilt: Streichfett, ob Butter oder Margarine, sollte man auf jeden Fall sparsam verwenden.

Woraus besteht Margarine?

Margarine ist eine Mischung verschiedener Fette und Öle, die nicht nur pflanzlichen Ursprungs sein müssen. Nicht selten enthält sie tierische Bestandteile. Margarine ist also nicht automatisch vegan, lactose- oder milcheiweißfrei. Ein wichtiger Zusatzstoff in Margarine ist Sojalecithin. Der

Emulgator sorgt dafür, dass sich zwei Flüssigkeiten – beispielsweise Wasser und Öl – vermischen und ein stabiles Gemisch ergeben.

Worin unterscheiden sich die verschiedenen Buttersorten?

Die verschiedenen Buttersorten unterscheiden sich hinsichtlich ihrer Eigenschaften, also in Härte, Farbe und Streichfähigkeit. Bei der Herstellung von Süßrahmbutter wird der Rahm der Milch abgeschöpft und so lange geschlagen, bis sich Butterklümpchen bilden. Sie ist mild und eignet sich gut zum Frischverzehr oder zum Backen. Bei der Sauerrahmbutter werden während des Reifeprozesses Milchsäurebakterien zugesetzt. Sie harmoniert gut mit herzhaften Speisen.

ÖKOEFFEKTIVITÄT UND KREISLAUFWIRTSCHAFT

Was kann man tun, wenn die Butter alt geworden ist?

Alte Butter muss nicht unbedingt in die Mülltonne. Man kann aus ihr Butterschmalz machen. Dazu wird die Butter bei niedrigen

---

WAS VERSTEHT MAN UNTER DEM RAUCHPUNKT?

Der Rauchpunkt bezeichnet die Temperatur, bei der Öle oder Fette beim Erhitzen anfangen zu rauchen. Öl oder Fett sollte man auf keinen Fall bis zum Rauchpunkt erhitzen, da sich dabei giftige Stoffe entwickeln. Je höher der Rauchpunkt, desto besser eignet sich das Öl oder Fett für bestimmte Zubereitungsarten, die eine hohe Temperatur verlangen. So sollte man zum Frittieren beispielsweise Fett mit einem hohen Rauchpunkt verwenden, am besten spezielle Frittierfette oder Butterschmalz.

Temperaturen (etwa 70 Grad) über einen längeren Zeitraum erhitzt. Dabei verdunstet das Wasser und es bildet sich ein weißer Schaum, der so lange abgeschöpft wird, bis sich kein neuer Schaum mehr bildet. Auf diese Weise erhält man goldgelbes, klares und reines Milchfett. Butterschmalz besitzt einen hohen Rauchpunkt (etwa 205 Grad, im Gegensatz zu Sonnenblumenöl mit 107 Grad) und eignet sich besonders gut zum Backen, Braten und Frittieren. Es lässt sich sehr lange konservieren, da es kein Wasser enthält.

EXKURS

GUTE FETTE, SCHLECHTE FETTE
Ungesättigte Fettsäuren = gute Fette
Ungesättigte Fettsäuren, dazu zählen die sogenannten Omega-Fettsäuren, sollte der Mensch mit der Nahrung am meisten aufnehmen. Diese essenziellen Fettsäuren sind vor allem in Meeresfischen, pflanzlichen Ölen bzw. Getreidekeimölen (z. B. Distelöl, Sesamöl, Leinöl, Maiskeimöl, Weizenkeimöl, Sonnenblumenöl) enthalten.

Gesättigte Fettsäuren = schlechte Fette
Gesättigte Fettsäuren sind hauptsächlich in tierischen Nahrungsmitteln wie Butter, Sahne oder Speck enthalten, seltener in pflanzlichen wie Kokosnüssen oder Kakao. Gesättigte Fettsäuren steigern das Risiko einer Arterienverkalkung (Arteriosklerose) und führen zu einem Anstieg des gesundheitsgefährdenden LDL-Cholesterins. Sie verstecken sich, auf den ersten Blick nicht sichtbar, in vielen Nahrungsmitteln, zum Beispiel in Fleisch, Wurstwaren, Käse und vielen Fertigprodukten.

Gehärtete Fette
Gehärtete Fette werden durch eine chemische Reaktion – Fetthärtung genannt – aus preiswerten, gut verfügbaren Pflanzenölen gewonnen. Dabei werden ungesättigte Fettsäuren in gesättigte umgewandelt und aus flüssigem Öl wird festes Fett. Das gehärtete Fett eignet sich wegen seiner Eigenschaften besser für die industrielle Verarbeitung, im Gegensatz zu natürlichen Fetten wie Butter oder Schmalz. Es ist länger haltbar und hat einen höheren Rauchpunkt.
Gehärtete Fette sind in Margarine (außer Bio-Margarine), Frittierfett, vielen Kekssorten und abgepackten Kuchen, Fertiggerichten (z. B. Fischstäbchen) und Brotaufstrichen (z. B. Erdnussbutter) enthalten. Bei unsachgemäßer Härtung bilden sich giftige Stoffe, die als Mitverursacher für Herz-Kreislauf-Erkrankungen gelten.
Als Faustregel kann man sich merken: Je härter die Fette, umso mehr gesättigte Fettsäuren enthalten sie und umso ungesünder sind sie.

Kartoffelpraline mit Radicchio und Haselnuss-Butter

Für 4 Personen

FÜR DEN KARTOFFELTEIG
*300 g mehlig kochende
   Kartoffeln
Salz, Pfeffer aus der Mühle
1 Prise Muskat
100 g weiche Butter
2 Eigelb
30 g Kartoffelmehl
120 g Mehl*

**FÜR DIE RADICCHIO-
FÜLLUNG**
*150 g Radicchio
50 g Zwiebeln,
   fein geschnitten
1 TL Knoblauchöl
   (siehe Tipp)
Zucker
Salz, Pfeffer aus der Mühle*

**FÜR DIE HASELNUSS-
BUTTER**
*20 g Butter
50 g Haselnüsse,
   fein gehackt*

ZUM ANRICHTEN
*50 g Parmesanspäne
Schnittlauch*

ZUBEREITUNG | Kartoffeln mit Schale weich kochen, pellen und durch ein Haarsieb drücken. Etwas auskühlen lassen. Mit Salz, Pfeffer und Muskat würzen. Weiche Butter unter die Kartoffeln rühren, sodass eine flockige Masse entsteht. Eigelb, Mehl und Kartoffelmehl zufügen und alles zu einem homogenen Teig verkneten. In ein Küchentuch wickeln und im Kühlschrank 1 Stunde ruhen lassen.
Radicchio in feine Streifen schneiden. Zwiebelwürfel in Knoblauchöl farblos anschwitzen, Radicchio dazugeben und ungefähr 1 Minute dünsten. Mit Salz, Pfeffer und Zucker abschmecken. Auskühlen lassen.
Kartoffelteig dünn ausrollen, Kreise (Ø 10 cm) ausstechen und etwas Füllung daraufgeben. Teigränder darüberklappen und gut zusammendrücken. Kartoffelteigtaschen etwa 4–5 Minuten in Salzwasser kochen.
In einer Pfanne Butter schmelzen, Haselnüsse zugeben und bei mittlerer Hitze kurz rösten.

ANRICHTEN | Kartoffelteigtaschen auf Teller verteilen, Haselnuss-Butter darübergeben und mit Parmesan und Schnittlauch garnieren.

TIPP | Für das Knoblauchöl mixen Sie 30 g Knoblauch mit 250 g Sonnenblumenöl. Es hält sich im Kühlschrank etwa 1 Woche.

Butter: S. 58 | Eier: S. 90 | Parmesan: S. 48 | Salat: S. 62

SALAT

Kommt Salat immer aus dem Gewächshaus?

Beim Salat schmeckt man sofort, ob er sorgfältig angebaut und frisch geerntet wurde. Salat ist nicht gleich Salat. Es gibt zahlreiche Sorten, die alle zu anderen Zeiten und unter anderen Bedingungen am besten gedeihen. So sind Kopf- und Pflücksalate sogenannte Sommersalate, während Radicchio oder Feldsalat auch im Winter geerntet werden können. Von der Sorte hängt auch ab, wo sie angebaut wird, das heißt, ob in Freilandkultur oder im Gewächshaus. Radicchio und Chicorée (die Wurzeln, die Sprossen gedeihen später in dunklen Räumen) wachsen bei uns ausschließlich auf dem Feld, Kopfsalat, Feldsalat und Rucola eher unter begehbaren Schutzabdeckungen oder in Gewächshäusern. Zwar können die verschiedenen Wachstumsfaktoren im Gewächshaus optimal gesteuert werden, aber das ist auch teuer. Daher werden die Jungpflanzen von Kopf- und Pflücksalat nur im Gewächshaus vorgezogen und später ins Freiland gepflanzt. Da in zeitlichen Abständen gepflanzt wird, kann von Ende April bis Ende Oktober im Freiland geerntet werden.

Der Kopfsalat, der in den Wintermonaten im Handel zu finden ist, kommt dann aber aus dem Gewächshaus, wo er unter Einsatz von Humus und Bewässerung angebaut wird.

VIELFALT UND DIVERSITÄT

Nur Kopfsalat im Kopf? Wie langweilig!

Grundsätzlich kann man Salatsorten in Kopf-, Schnitt- und Kräuterschnittsalate unterteilen. Es gibt unglaublich viele Salatsorten, darunter alte und Neuzüchtungen. Zu den Kopfsalaten zählen Brasilianer, Eisberg und Maikönig, zu den Schnittsalaten Eichblatt und zu den Kräuterschnittsalaten Spinat- oder Rote-Bete-Blätter.

Da die meisten Verbraucher im Supermarkt oder auf dem Markt immer wieder zu bekannten Sorten greifen, werden regionale und traditionelle Salate verdrängt. Zum Glück gibt es einige Initiativen, die versuchen, diese Sorten vor dem Aussterben zu bewahren.

Sie pflegen damit unser biologisches Erbe und den vielfältigen Geschmack. Bestimmt gibt es auch in Ihrer Region solche Initiativen. Informieren Sie sich!

ÖKOEFFEKTIVITÄT UND KREISLAUFWIRTSCHAFT

Was kann man tun, wenn der Salat nicht mehr frisch ist?

Kopfsalat verliert nach der Ernte sehr schnell an Qualität. Wenn Sie frischen Salat in feuchtes Küchenpapier einwickeln, hält er sich zwei bis drei Tage im Kühlschrank. Allerdings mit deutlichen Qualitätseinbußen. Wegwerfen muss man den Salat dann aber trotzdem nicht, kochen Sie einfach eine Suppe daraus! Früher wurde nicht mehr ganz taufrischer Salat oft gekocht oder gedünstet und als Gemüse gegessen.

SALATKOPF VERSUS ABGEPACKTE SALATMISCHUNG

Wer im Supermarkt abgepackte Salatmischungen kauft, spart sich zwar das Waschen und Putzen eines frischen Salatkopfes, aber er muss dafür tiefer in die Tasche greifen und bekommt trotzdem weniger für sein Geld. Und er produziert noch zusätzlich Verpackungsmüll. Außerdem geht durch den Mix verschiedener Salate der Geschmack der einzelnen Sorte verloren. Salatmischungen aus der Tüte weisen darüber hinaus oft eine hohe Keimbelastung auf. Das liegt daran, dass die Salatblattstruktur durch das mehrfache Waschen und Schleudern zerstört wird und so ideale Bedingungen für die Vermehrung von Keimen geschaffen werden. Auch wenn der Verzehr für den Menschen absolut ungefährlich ist, heißt es doch, dass die mikrobiologische Qualität abgepackter Salatmischungen bereits vor Ablauf des Verbrauchsdatums beeinträchtigt ist.

Nudelreis mit Gemüse und Gorgonzolasauce

Für 4 Personen

ZUTATEN
50 g Schalotten,
  fein geschnitten
1 Knoblauchzehe, fein gehackt
Olivenöl
50 g Paprika,
  in feine Würfel geschnitten
50 g Zucchini,
  in feine Würfel geschnitten
200 g Nudelreis (Risi all'uovo,
  Emiliane, von Barilla)

500 g Gemüsefond
  (siehe S. 35)
Pfeffer aus der Mühle
30 g kalte Butter

FÜR DIE GORGONZOLA-SAUCE
1 Schalotte
1 Knoblauchzehe
Olivenöl
500 g Sahne

100 g Gorgonzola
Salz, Pfeffer aus der Mühle

ZUM ANRICHTEN
Parmesanspäne
Basilikumblätter
getrocknete Tomatenschale
  (siehe Tipp)
Petersilie, fein gehackt

ZUBEREITUNG | Schalotten und Knoblauch in Olivenöl anschwitzen, Paprika und Zucchini dazugeben und noch einmal leicht anschwitzen. Nudelreis zufügen und gut umrühren. Nach und nach mit heißem Gemüsefond aufgießen (wie beim Kochen von Risotto) und 7 Minuten kochen lassen. Salzen, pfeffern und mit kalter Butter binden.
Für die Sauce Schalotte und Knoblauch schälen und in feine Würfel schneiden. In Olivenöl farblos anschwitzen, mit Sahne aufgießen und Gorgonzola dazugeben. Etwa 15 Minuten einkochen lassen, mit Salz und Pfeffer würzen und mit dem Stabmixer aufschäumen.

ANRICHTEN | Den Nudelreis mithilfe eines Metallringes auf Tellern anrichten. Mit Gorgonzolasauce, Parmesan, Petersilie und getrockneter Tomatenschale garnieren.

TIPP | Lassen Sie die Tomatenschale im Backofen bei 30 Grad trocknen und pulverisieren Sie sie anschließend im Mörser.

Butter: S. 58 | Gemüse: S. 78 | Nudeln: S. 66 | Parmesan: S. 48 | Wurzelgemüse: S. 126

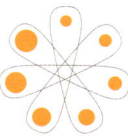

NUDELN

Qualitativ hochwertige Nudeln werden maschinell mit Einsätzen aus teurer und wartungsintensiver Bronze geformt. Im Gegensatz zu Nudeln, die mit günstigen Tefloneinsätzen hergestellt werden. Bei der Herstellung mit Bronzeformen bekommen die Nudeln eine raue Oberfläche, die das Mundgefühl und die Aufnahme der Sauce sehr positiv beeinflussen.

GESUNDHEIT

Machen Nudeln dick?

Nudeln sind integraler Bestandteil einer ausgewogenen Ernährung. Sie werden zu Unrecht als Dickmacher geschmäht. Dank ihres Fettanteils von weniger als drei Prozent ist ihr Kaloriengehalt nicht besonders hoch. Was Nudelgerichte dagegen kalorienreich macht, sind die Saucen bzw. die darin enthaltenen Öle, Butter und Käse.

VIELFALT UND DIVERSITÄT

Wo liegen die Unterschiede verschiedener Nudelsorten?

Dass es unterschiedliche Nudelformen gibt, zeigt schon der Blick ins Supermarktregal. Grob unterscheiden kann man Nudeln in Hartweizennudeln und Eiernudeln. Eiernudeln enthalten frische Eier oder Eipulver, was wiederum einen Einfluss auf den Geschmack bzw. die Qualität hat. Außerdem gibt es Nudeln aus Kamut, Dinkel, Vollkorn oder anderen Mehlsorten. Hartweizennudeln werden eher für Gerichte auf Tomatenbasis verwendet, Eiernudeln eher bei Saucen auf Sahnebasis. Je nach Art der Sauce (oder der eigenen Vorliebe) wählt man eine Form aus, die darüber entscheidet, wie gut die Sauce von der Nudel aufgenommen wird. Bei mehr als 400 verschiedenen Formen findet sicher jeder seinen Favoriten.

WARUM IST NUDEL NICHT GLEICH NUDEL?

Markennudeln unterscheiden sich meist deutlich von Billigprodukten. Während Erstere in immer gleichbleibender Qualität verfügbar sind, ist das bei Billigherstellern nicht immer der Fall. Ein Blick auf die Verpackung reicht jedoch nicht aus, um die Unterschiede auszumachen. Die zeigen sich erst nach dem Kochen. Billignudeln werden meist weich und glibberig. Kochen Sie nie Nudeln verschiedener Hersteller zusammen, auch nicht, wenn auf der Verpackung die gleiche Kochzeit angegeben ist, sie muss nicht stimmen.

RESSOURCENVERBRAUCH UND KLIMASCHUTZ

Nudeln liefern Energie, aber wie viel Energie verbrauchen Herstellung und Zubereitung?

Bei der Produktion von Nudeln ist das Mehl der größte Posten in der Ökobilanz. Seine Herstellung ist zuweilen energie- und kohlenstoffintensiv. Mehl in Billigprodukten wird oft unter großzügigem Einsatz von Herbiziden und Pestiziden angebaut. Bei Bio-Nudeln wächst das dafür verwendete Getreide auf Feldern, deren Erträge durch eine ausgewählte Fruchtfolge und Bio-Dünger

gesteigert werden. Der energieintensivste Arbeitsschritt bei der Nudelproduktion ist das Trocknen. Er ist auch für die Qualität der Nudeln entscheidend. In industriell arbeitenden Nudelfabriken dauert das Trocknen der geformten Nudeln nur wenige Stunden, weil der Teig unter hohem Energieaufwand auf bis zu 130 Grad erhitzt wird. Handwerklich arbeitende Nudelproduzenten (u. a. Bio-Produzenten) arbeiten mit niedrigeren Temperaturen und weniger energieintensiven Methoden. Das Trocknen dauert hier länger und in den Nudeln bleiben viele

natürliche Inhaltsstoffe erhalten. Neben dem Kauf von Bio-Nudeln sind aber auch verpackungsfreie Nudeln eine Möglichkeit, die ökologischen Auswirkungen der Nudeln zu verringern. Immer mehr Lebensmittelläden füllen Waren in wiederverwendbare Behälter, die man von zu Hause mitbringt. Da Nudeln vor dem Verzehr bei 100 Grad rund zehn Minuten gekocht werden, kann man sicher sein, dass von ihnen keine gesundheitlichen Gefahren durch Keime ausgehen, denen verpackungsfreie Lebensmittel eher ausgesetzt sind als verpackte.

EXKURS

SPEKULATION MIT NAHRUNGSMITTELN UND DUMPINGPREISE

Spekuliert wird nicht nur mit Aktien, Devisen oder Wertpapieren, sondern auch mit Nahrungsmitteln. An der Börse werden Nahrungsmittel wie Reis, Kakao oder Kaffee zu günstigen Preisen gekauft, um sie später zu höheren Preisen zu verkaufen. Das hat wesentliche sozioökonomische Folgen für die Menschen in Entwicklungsländern. Denn wenn durch Spekulationen die Preise für Nahrungsmittel in die Höhe getrieben werden, können sich diese Menschen die tägliche Mahlzeit nicht mehr leisten und müssen hungern. Ähnliche Auswirkungen hat die Spekulation mit Erdöl, da

ein hoher Erdölpreis die Nahrungsmittelpreise in die Höhe treibt. Der Grund liegt darin, dass die intensive Landwirtschaft sehr stark von chemisch-synthetischen Beiz- und Spritzmitteln sowie Kunstdünger abhängig ist, die durch den Einsatz von Öl produziert werden. Von Dumpingpreisen spricht man, wenn bestimmte Lebensmittel zu einem Preis verkauft werden, der unter den Herstellungskosten liegt. Das ist oft bei Reis der Fall: Große Reisexporteure beeinflussen den internationalen Reismarkt durch so günstige Preise, dass Importreis aus Europa und den USA gegenüber lokal erzeugtem Reis in den Entwicklungsländern konkurrenzfähig ist bzw. dort sogar billiger angeboten wird. Die sinkenden Reispreise führen jedoch dazu, dass lokalen Kleinbauern die Existenzgrundlage entzogen wird.

Roggenspaghetti mit Topfen- und Spinatcreme

Für 4 Personen

FÜR DEN NUDELTEIG
200 g Roggenmehl
70 g Weizenmehl
70 g Hartweizengrieß
100 g Wasser
1 Ei
Salz

FÜR DIE TOPFENCREME
120 g Topfen
30 g Sahne
Salz

FÜR DIE SPINATCREME
30 g Zwiebeln
½ Knoblauchzehe
Olivenöl
150 g Spinat, geputzt

70 g Sahne
Salz, Pfeffer aus der Mühle

ZUM ANRICHTEN
Olivenöl
Bergkäse, geraspelt
20 g Bauernbrot,
* in feine Würfel geschnitten*
* und geröstet*
Babyspinatblätter

ZUBEREITUNG | Für den Nudelteig Roggen- und Weizenmehl mit Hartweizengrieß vermengen. Wasser, Ei und Salz dazugeben und alles gut verkneten. Teig in ein Küchentuch wickeln und 1 Stunde ruhen lassen. Den Teig mit der Nudelmaschine dünn ausrollen und in dünne Spaghetti schneiden.

Für die Topfencreme Topfen und Sahne verrühren, mit Salz würzen und vorsichtig auf 50 Grad erwärmen. (Achtung: Die Mischung darf nicht heißer als 50 Grad werden, da der Topfen sonst ausflockt!)

Für die Spinatcreme Zwiebeln und Knoblauch schälen, in feine Würfel schneiden und in Olivenöl anschwitzen. Spinat zugeben und mit Sahne aufgießen. Mit Salz und Pfeffer würzen und im Mixer fein pürieren.

ANRICHTEN | Nudeln in Salzwasser 3 Minuten kochen lassen, abseihen und in Olivenöl schwenken.

Topfen- und Spinatcreme auf Teller geben, Spaghetti in der Tellermitte anrichten und mit Bergkäse und Bauernbrotbröseln bestreuen. Mit Babyspinatblättern garnieren.

→ Brot: S. 36 | Eier: S. 90 | Käse: S. 74 | Spinat: S. 71 | Topfen: S. 70

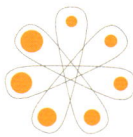

TOPFEN

GESUNDHEIT

Wie hoch ist die biologische Wertigkeit von Topfen?

Die Proteine, die im Topfen enthalten sind, haben – verglichen mit anderen Lebensmitteln – eine sehr hohe biologische Wertigkeit. Das heißt, dass der menschliche Körper diese Proteine effektiv nutzen kann. Die Wertigkeit ist sogar der von Rindfleisch überlegen. Eine höhere Wertigkeit haben nur Eier und Frischmilch. Neben Proteinen enthält Topfen wichtige Mineralien und Vitamine. Der Gehalt an Kalzium, Magnesium und Vitaminen ähnelt dem von Naturjoghurt, allerdings kann das im Topfen enthaltene Kalzium deutlich schlechter vom Körper aufgenommen werden.

NACHHALTIGE LANDWIRTSCHAFT

Beeinflusst die Art der Tierhaltung den Geschmack?

Der Geschmack von Milchprodukten hängt stark von der Qualität der Milch ab, aus der sie hergestellt werden. Einen entscheidenden Einfluss auf die Milchqualität hat die Haltung des Milchviehs. Das heißt, ob es im Stall, auf der Weide oder auf der Alm gehalten wird und was sie für Futter bekommen. Kühe auf der Weide oder Alm fressen Heu und Gras bzw. frische Wiesenkräuter. Ihre Milch hat einen anderen Geschmack als die von Kühen aus Stallhaltung. Dort wird Silage verfüttert, ein durch Milchsäuregärung konserviertes Futtermittel, das dem Topfen einen eher säuerlichen Geschmack verleiht.

VIELFALT UND DIVERSITÄT

Worin unterscheiden sich Topfen und Quark?

In Süddeutschland kennt man den feinen Unterschied zwischen Topfen und Quark, auch wenn die Begriffe synonym verwendet werden. Beide werden in einem ähnlichen Verfahren hergestellt, und zwar indem Milch Lab (ein Enzym aus dem Kälbermagen) beigemischt wird. Dieses Lab fermentiert die festen Bestandteile, die man als Käsebruch aus der Molke sieben kann. In früheren Zeiten machte man das daheim im Topf, weshalb das Produkt den Namen Topfen bekam. Der Weißkäse wird je nach Fettgehalt noch mit Sahne versetzt und als Speisequark oder Schichtkäse verkauft. Der Unterschied zum Topfen liegt vor allem am Wassergehalt. Topfen wird bei der Herstellung noch zentrifugiert, sodass er eine bröselige, feste Konsistenz bekommt. Im Gegensatz zur Herstellung von Quark und Topfen wird bei der Ricotta-Produktion Molke, die zum Beispiel bei der Mozzarella-Herstellung anfällt, mit Frischmilch versetzt und zum Dicklegen erhitzt. Durch die natürliche Säure gerinnt das Albumin (Eiweiß der Molke) und schließt die Milchstoffe (Milchfett, Vitamine, Mineralstoffe) mit ein. Die Käsemasse wird dann vorsichtig von der Flüssigkeitsoberfläche abgeschöpft.

SPINAT

GESUNDHEIT

Wie gesund ist Spinat wirklich?
Spinat ist ein Blattgemüse und wichtiger Ballaststofflieferant. Kinder mögen ihn so gar nicht, Eltern versuchen ihren Nach- wuchs trotzdem immer wieder mit Spinat zu füttern, weil sie meinen, er wäre gesund und würde besonders viel Eisen enthalten. Dabei beruht diese Annahme auf einem Irrtum! Im 19. Jahrhundert hatte man sich einfach um eine Kommastelle geirrt, wodurch dem Spinat ein zehnmal höherer Eisengehalt zugeschrieben wurde. Dank der Popeye-Filme und der immer wiederholten Aussage, Spinat mache stark und kräftig, hat sich diese Annahme im Bewusstsein der Menschen festgesetzt.

Auch wenn das Komma um eine Stelle verschoben wurde, so ent- hält frischer Spinat immer noch eine beträchtliche Menge Eisen (nämlich 4,1 mg/pro 100 g). Dar- über hinaus ist das wasserreiche Gemüse wegen seiner vielen Vitamine und Spurenelemente ein wertvolles Lebensmittel. Allerdings kommt in Spinat auch Oxalsäure vor, ein Stoff, der die Aufnahme von Kalzium und Eisen im Darm hemmt. Durch Kochen oder Dünsten lässt sich der Oxalsäuregehalt von Spinat senken.

Dreierlei Polentanocken mit Kräutern und Bergkäse

Für 4 Personen

FÜR DIE GELBEN POLENTANOCKEN
300 g Gemüsefond (siehe S. 35)
150 g gelbes Polentamehl
Salz, Pfeffer aus der Mühle

FÜR DIE WEISSEN POLENTANOCKEN
300 g Gemüsefond (siehe S. 35)

150 g weißes Polentamehl
Salz, Pfeffer aus der Mühle

FÜR DIE GRÜNEN POLENTANOCKEN
150 g Lauch (grüner Teil)
50 g Butter
Salz, Pfeffer aus der Mühle
250 g Gemüsefond (siehe S. 35)
150 g weißes Polentamehl

ZUM ANRICHTEN
Schnittlauch, fein geschnitten
30 g Butter
50 g geschmorte Zwiebeln
Salz, Pfeffer aus der Mühle
100 g Bergkäse, gerieben

ZUBEREITUNG | Für die gelben und weißen Polentanocken Gemüsefond in zwei Töpfen zum Kochen bringen, mit Salz und Pfeffer würzen und das jeweilige Polentamehl mit dem Schneebesen einrühren. Polenta unter Rühren etwa 6–7 Minuten kochen lassen. Masse in einen Spritzbeutel füllen und fingerdicke Stränge auf ein Blech spritzen. Auskühlen lassen.
Für die grünen Polentanocken den Lauch in Stücke schneiden und in Salzwasser weich kochen. Abseihen und gut abtrocknen. Mit Butter im Mixer fein pürieren. Gemüsefond zum Kochen bringen, salzen, pfeffern und das weiße Polentamehl mit dem Schneebesen einrühren. Lauchpaste dazugeben und unter Rühren ungefähr 6–7 Minuten kochen lassen. Masse in einen Spritzbeutel füllen und fingerdicke Stränge auf ein Blech spritzen. Auskühlen lassen.

ANRICHTEN | Polentastreifen in gleich große Stücke schneiden und vermischen. In Salzwasser 2–3 Minuten kochen lassen. Herausnehmen und in einer Pfanne mit Schnittlauch, Butter und geschmorten Zwiebeln schwenken. Mit Salz und Pfeffer würzen. Polentanocken auf Teller verteilen und mit Bergkäse bestreuen.

➔ Butter: S. 58 | Gemüse: S. 78 | Käse: S. 74 | Polenta/Mais: S. 116 | Wurzelgemüse: S. 126

KÄSE

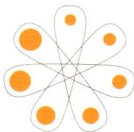

NACHHALTIGE LANDWIRTSCHAFT

Was beeinflusst den Geschmack von Käse?

Es ist vor allem die Fütterung der Milchkühe (Silage oder Heu), die den Geschmack von Käse beeinflusst. Auch die Farbe hängt vom Futter ab: So richtig schön gelb sind Butter und Käse nur, wenn die Tiere Heu und Gras fressen, in dem reichlich Betacarotin vorkommt. Werden die Tiere hingegen mit Silage gefüttert, sind Milch, Butter und Käse heller, da Silage weniger Betacarotin enthält.

VIELFALT UND DIVERSITÄT

Worin unterscheiden sich die verschiedenen Käsesorten?

Käse unterscheidet sich nicht nur in der Milch (Kuh, Schaf, Ziege, Büffel), die zu seiner Herstellung verwendet wurde, sondern er kann auch in verschiedene Typen eingeteilt werden: Hartkäse, Halbhartkäse, Weichkäse (mit Schimmelreifung oder Rotschmiere) und Frischkäse.

→ Frischkäse hat einen geringen Fettgehalt (etwa 18 % in der Trockenmasse) und braucht im Gegensatz zu den anderen Käsetypen keine Reifezeit. Zu den Frischkäsen gehören: Topfen, Quark, Ricotta, Mascarpone, Mozzarella und Schichtkäse.

→ Weichkäse reift etwa zwei bis acht Wochen und ist besonders cremig. Vertreter dieser Art sind z. B. Camembert, Brie, Münster, Reblochon oder Vacherin Mont-d'Or. Gereifter Weichkäse schmeckt würziger als junger. Bei Weichkäse mit Schimmelreifung kann man die Rinde mitessen.

→ Halbhartkäse gibt es in vier Fettgehaltsstufen. Rahmkäse wie Rahmtilsiter hat mindestens 55 % Fett in der Trockenmasse, Vollfettkäse wie Appenzeller mindestens 45 %, Viertelfettkäse wie Tilsiter mindestens 15 % und Magerkäse wie Graukäse weniger als 15 %.

→ Hartkäse sind ausschließlich Vollfettkäse mit mindestens 45 % Fett in der Trockenmasse, die einige Monate bis mehrere Jahre reifen. Die bekanntesten Hartkäse sind Parmesan, Gruyère, Emmentaler oder Sbrinz. Zu diesem Typ gehören auch viele Alp- und Bergkäse. Hartkäsesorten (z. B. Parmigiano Reggiano, Grana Padano, Pecorino oder Bergkäse) lassen sich sehr gut reiben.

RESSOURCENVERBRAUCH UND KLIMASCHUTZ

Hat Käse einen besseren CO_2-Fußabdruck als Fleisch?

Obwohl die CO_2-Emissionen von einem Kilogramm Käse niedriger sind als die von der gleichen Menge Rind- oder Kalbfleisch, sind sie recht hoch. Und zwar doppelt so hoch wie die von Geflügelfleisch und etwa gleich hoch wie die von Schweinefleisch. Die Klimabilanz ist nicht für alle Sorten gleich. Sie hängt davon ab, wie viel Liter Milch für ein Kilogramm Käse gebraucht werden. Je nach Käsesorte schwankt die Menge zwischen vier und zwölf Litern. Hartkäse, für dessen Herstellung besonders viel Milch gebraucht wird, hat eine schlechte Klimabilanz.

WAS IST ANALOGKÄSE?

Analogkäse ist ein Käseimitat, das nichts mit Käse gemeinsam hat. Es wird àus Wasser, Pflanzenfett (meist Palmöl), Eiweiß, Emulgatoren (z. B. Sojalecithin) sowie Aroma- und Konservierungsstoffen hergestellt. Wegen seiner geringen Produktionskosten – er ist bis zu 40 Prozent günstiger als echter Käse – wird er häufig bei der Herstellung von Fertigprodukten (z. B. Pizza) verwendet. Da Analogkäse auf der Zutatenliste nicht mehr als Käse aufgeführt werden darf, sollten Sie hellhörig werden, wenn statt „Käse" diverse andere Stoffe genannt werden.

EXKURS

WIE WIRKT SICH UNSER EINKAUFSVERHALTEN AUF DIE KLIMABILANZ AUS?

Wer sich beim Einkauf bewusst für Produkte mit einer guten Klimabilanz entscheidet, sollte nicht mit dem Auto in den Supermarkt fahren, sonst ist der positive Effekt schnell wieder dahin. Kleinere Einkäufe lassen sich per Fahrrad oder zu Fuß erledigen, dann entfällt auch die leidige Parkplatzsuche. Monatliche Vorratskäufe oder Einkäufe beim Bio-Bauern sollten gut geplant sein. Denn manchmal kann man diese Dinge erledigen, wenn man sowieso mit dem Auto unterwegs sein muss. Dadurch entfallen Extrafahrten und Sie schonen die Umwelt!

Risotto mit Gartengemüse

Für 4 Personen

FÜR DAS GARTENGEMÜSE

100 g gelbe Peperoni
90 g Zwiebeln, fein gehackt
Olivenöl
Salz
100 g Tomaten
100 g Spinat
30 g Sahne

FÜR DEN RISOTTO

280 g Reis (Carnaroli)
Olivenöl
1 ½ l Gemüsefond
  (siehe S. 35)
50 g kalte Butter
Salz
40 g Parmesan, gerieben

ZUBEREITUNG | Peperoni putzen und klein schneiden. 30 g Zwiebeln in Olivenöl anschwitzen, Peperoni dazugeben und bei mittlerer Hitze weich dünsten. Mit Salz würzen und im Mixer fein pürieren. Warm stellen.

Tomaten waschen und in Stücke schneiden. 30 g Zwiebeln in Olivenöl anschwitzen, Tomaten dazugeben und bei milder Hitze weich dünsten. Mit Salz würzen und im Mixer fein pürieren. Warm stellen.

Spinat waschen und abtropfen lassen. Die restlichen Zwiebeln in Olivenöl andünsten, Spinat dazugeben und mit Sahne aufgießen. Bei milder Hitze garen. Salzen und im Mixer fein pürieren. Warm stellen.

Für den Risotto den Reis in Olivenöl anrösten, ohne dass er Farbe annimmt. Mit Gemüsefond aufgießen, sodass der Reis bedeckt ist. Wenn die Flüssigkeit verdampft ist, erneut aufgießen. Unter ständigem Rühren etwa 13–15 Minuten kochen lassen. Kalte Butter unterrühren und mit Salz und Parmesan abschmecken.

ANRICHTEN | Den Risotto auf Teller verteilen und mit dem pürierten Gemüse garnieren.

➔ Butter: S. 58 | Gemüse: S. 78 | Parmesan: S. 48 | Reis: S. 154 | Spinat: S. 71 | Tomaten: S. 97 | Wurzelgemüse: S. 126

GEMÜSE

unterirdisch wachsende Gemüsesorten in der Regel länger haltbar sind bzw. lange gelagert werden können (z. B. Kartoffeln oder Karotten). Hält man sich beim Verzehr von Gemüse an den Saisonkalender, vermeidet man die Notwendigkeit künstlicher Anbaubedingungen und die damit einhergehenden Umweltbelastungen.

GESUNDHEIT

Welche Rolle spielen Bitterstoffe im Gemüse?

Nicht nur Kinder, sondern auch viele Erwachsene verziehen bei bitteren Lebensmitteln wie Grapefruit oder Radicchio den Mund. Diese Abneigung gegen bittere Nahrungsmittel hat evolutionäre Ursachen. Ein bitterer Geschmack signalisierte unseren Vorfahren, dass eine unbekannte Pflanze, Beere oder Wurzel möglicherweise gesundheitsschädlich bzw. giftig war. „Süß" stand hingegen für kalorienreiche Nahrung und „sauer" warnte vor unreifen Früchten. Doch die bitteren Stoffe, die im Gemüse enthalten sind, haben eine positive Wirkung auf unsere Gesundheit. Bitterstoffe regeln und fördern die Verdauung und ermöglichen, dass Nähr- und Vitalstoffe vom Körper gut absorbiert werden können. Heute wird allerdings versucht, alles Bittere aus dem Gemüse weg zu züchten. Denn süßer schmeckende Gemüsesorten lassen sich besser verkaufen als ihre wild wachsenden Verwandten.

Soll man Gemüse lieber roh essen?

Wichtig ist nicht, wie viele gesundheitsfördernde Inhaltsstoffe im Gemüse ganz allgemein enthalten sind, sondern welche noch darin sind, wenn es auf unserem Teller landet. Letzteres hängt davon ab, wie das Gemüse auf

HERKUNFT, REGIONALITÄT, SAISONALITÄT

Über oder unter der Erde?

Welches Gemüse wir wann essen sollten, hängt davon ab, wo es wächst: über der Erde oder unter der Erde. Grundsätzlich kann man sagen, dass alles, was über der Erde wächst, in den Sommermonaten erntereif ist und alles, was unter der Erde wächst, im Winter gegessen werden sollte. Das liegt vor allem daran, dass

dem Weg vom Feld bis auf den Tisch behandelt und verarbeitet wurde. Damit möglichst viele Inhaltsstoffe erhalten bleiben, sollte Gemüse nicht zu lange gekocht werden. Einige Sorten, wie beispielsweise Paprika, sollte man wegen ihres hohen Vitamin-C-Gehaltes lieber roh essen. Andere wiederum werden erst durch das Garen genießbar, zum Beispiel Kartoffeln. Bei Karotten und Kohl steigt der Gehalt der verfügbaren Nährstoffe durch das Kochen an, da dabei die festen Zellstrukturen aufgebrochen werden. Achten Sie darauf, Gemüse nicht zu lange oder falsch zu lagern. Licht, Luft und Hitze führen zu einem Verlust von Vitaminen. Geschältes oder klein geschnittenes Gemüse sollte nicht zu lange in Wasser liegen, sonst werden die Mineralstoffe ausgeschwemmt. Das Kochwasser von Gemüse können Sie sehr gut als Fond für Suppen oder Risotto verwenden.

ÖKOEFFEKTIVITÄT UND KREISLAUFWIRTSCHAFT

Darf Gemüse auch krumm sein?

Die meisten Verbraucher wollen im Supermarkt Gemüse und Obst kaufen, das perfekt gewachsen ist. Sie verbinden damit die Vorstellung von Qualität. Aus diesem Grund werden etwa 30 Prozent der Gemüsesorten bereits bei der Ernte weggeschmissen oder erst gar nicht geerntet. Mit dem Kauf von optisch nicht perfektem Gemüse kann man ein Zeichen gegen diese Art der Verschwendung setzten. In Frankreich hat ein solches Engagement dazu geführt, dass Obst und Gemüse, das früher vernichtet worden wäre, wieder Einzug in die Regale gehalten hat.

Kartoffelgnocchi mit Pfifferlingen

Für 4 Personen

FÜR DIE KARTOFFEL-GNOCCHI

*860 g mehlig kochende
   Kartoffeln*
80 g weiche Butter
2 Eigelb
160 g Mehl
40 g Kartoffelmehl
Salz, Pfeffer aus der Mühle

FÜR DIE PFIFFERLINGE

*1 Knoblauchzehe,
   fein geschnitten*
Olivenöl
*400 g kleine Pfifferlinge,
   geputzt*
*100 g Buttersauce
   (siehe Tipp)*
Salz
20 g Petersilie, fein gehackt

ZUM ANRICHTEN

80 g Parmesanspäne

ZUBEREITUNG | Kartoffeln mit Schale in Salzwasser weich kochen. Heiß pellen, durch ein Haarsieb streichen und etwas auskühlen lassen. Butter und Eigelb zugeben und zu einer homogenen Masse verrühren. Mehl, Kartoffelmehl, Salz und Pfeffer vorsichtig unterheben. Teig im Kühlschrank 1 Stunde ruhen lassen. Knoblauchzehe in Olivenöl anschwitzen, Pfifferlinge zugeben und etwa 5 Minuten dünsten. Mit Buttersauce aufgießen, salzen und mit Petersilie abschmecken. Warm stellen. Kartoffelteig etwa 1 cm dick ausrollen und in 2 cm lange Stücke schneiden. Mit einer Gabel Gnocchi formen und in Salzwasser 3 Minuten kochen lassen. Abseihen und vorsichtig in der Sauce schwenken.

ANRICHTEN | Gnocchi und Pfifferlinge auf Teller verteilen und mit Parmesanspänen garnieren.

TIPP | Für die Buttersauce 100 g Gemüsefond aufkochen. Vom Herd nehmen und nach und nach 250 g eiskalte Butterwürfel einrühren, sodass die Sauce cremig wird und bindet. Mit Salz und Pfeffer würzen.

➔ Butter: S. 58 | Eier: S. 90 | Parmesan: S. 48 | Pfifferlinge: S. 82

PFIFFERLINGE

HERKUNFT, REGIONALITÄT,
SAISONALITÄT

Woher kommen die Pfifferlinge auf dem Markt?

Pfifferlinge haben von Juni bis November Saison. Früher war der beliebte Speisepilz weit verbreitet. Doch seit einiger Zeit wird er in vielen Gegenden immer seltener. Wahrscheinlich liegt das an der zunehmenden Umweltverschmutzung – das Pfifferlingsmyzel reagiert sehr empfindlich auf Schwefel und Ozon –, aber auch an anderen Faktoren wie Niederschlagsmangel, Abholzungen und Bodenverdichtung.

Die meisten auf dem Markt angebotenen Pfifferlinge stammen aus osteuropäischen Ländern, zum Beispiel aus Polen, Weißrussland oder Litauen. Dort gehen die Pilzsammler in den Wald und sammeln die begehrten Pilze in großen Mengen, um sie billig nach Westeuropa zu exportieren. Allerdings haben diese Pfifferlinge durch den langen Transportweg und den damit verbundenen CO_2-Ausstoß eine schlechtere Klimabilanz.

WUSSTEN SIE, DASS …

… man Pfifferlinge nicht züchten kann?

Pfifferlinge haben, wie alle Pilze, kein Chlorophyll für die Photosynthese und ihnen fehlen, im Gegensatz zu Champignons, auch Enzyme zum Abbau von Kohlenhydraten. Aus diesem Grund sind sie auf die Symbiose mit Bäumen, der sogenannten Mykorrhiza, angewiesen. Von den Bäumen – hauptsächlich Fichten – beziehen sie alle wichtigen Nährstoffe, die sie zum Wachsen benötigen. Der Baum profitiert ebenfalls, denn über das feine Wurzelwerk der Pfifferlinge wird er besser mit Wasser versorgt.

Nun könnte man annehmen, dass man Pilz und Baum einfach nur zusammenbringen müsste, um Pfifferlinge im industriellen Stil zu kultivieren. Aber bislang ist das noch niemandem gelungen. Wahrscheinlich spielt auch die Bodenzusammensetzung eine große Rolle. Da die Bedingungen für das Wachstum von Pfifferlingen so extrem schwierig zu imitieren sind, wird das Pilzesammeln sicher so bald nicht aus der Mode kommen.

GESUNDHEIT

Sind Pfifferlinge ein gesundes Lebensmittel?

Zunächst einmal die gute Nachricht: Pfifferlinge bestehen zu 80 Prozent aus Wasser, sie enthalten kein Fett, aber Vitamin D, Mineralstoffe (z. B. Kalium), Eisen, Ballaststoffe und Eiweiß. Die schlechte Nachricht: Pfifferlinge sind schwer verdaulich. Sie enthalten Chitin, das vom Darm nicht verwertet werden kann, und Purin (Harnsäure), die für Menschen mit Gicht und Kinder problematisch ist.

Da Pilze Schwermetalle wie Quecksilber, Blei oder Kadmium aufnehmen und speichern, sollte man pro Woche höchstens 250 Gramm Pfifferlinge verzehren. Diese Menge gilt als gesundheitlich unbedenklich.

WO KANN ICH PFIFFERLINGE FINDEN?

Wenn Sie Pfifferlinge selber sammeln wollen, sollten Sie in lichten Wäldern mit moosigen Böden, vor allem unter Fichten, Buchen und Tannen, danach Ausschau halten. Übrigens hat die Art des Waldes Einfluss auf die Konsistenz der Pilze: Pfifferlinge aus Laubwäldern sind fester als die aus Nadelwäldern.

Kartoffel-Sauerkraut-Soufflé mit Selchfleisch

Für 4 Personen

ZUTATEN

*150 g mehlig kochende
   Kartoffeln*
100 g Sauerkraut
2 Eier
20 g Kartoffelmehl
Salz, Pfeffer aus der Mühle
1 Eiweiß

200 g Selchfleisch
*50 g Zwiebeln,
   fein geschnitten*
1 EL Olivenöl
*Schnittlauch,
   fein geschnitten*

ZUBEREITUNG | Kartoffeln mit Schale weich kochen, noch heiß pellen und durch ein Haarsieb streichen. Auskühlen lassen. Sauerkraut waschen, fein schneiden und zusammen mit Eiern und Kartoffelmehl zu den Kartoffeln geben. Mit Salz und Pfeffer würzen und gut verrühren. Eiweiß steif schlagen und vorsichtig unter die Kartoffel-Sauerkraut-Masse heben. In Förmchen füllen und im vorgeheizten Backofen bei 150 Grad etwa 15–20 Minuten backen.
Selchfleisch in feine Streifen schneiden und mit den Zwiebeln kurz in Olivenöl andünsten, mit Schnittlauch abschmecken.

ANRICHTEN | Das Kartoffel-Sauerkraut-Soufflé auf Teller geben und Selchfleisch daneben anrichten.

➔ Eier: S. 90 | Sauerkraut: S. 86 | Schweinefleisch: S. 87

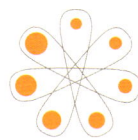

SAUERKRAUT

GESUNDHEIT

Was macht Sauerkraut so gesund?

Sauerkraut müsste eigentlich in der Apotheke verkauft werden, so gesund ist es. Frisches Sauerkraut steckt nicht nur voller probiotischer Mikroorganismen, sondern auch jeder Menge Vitamin C. Deshalb war es in der kalten Jahreszeit in nördlichen Gebieten jahrhundertelang der wichtigste Vitamin-C-Spender. Weißkohl, die Grundlage von Sauerkraut, ist ein sehr guter Ballaststofflieferant. Er enthält etwa 100 Milligramm Vitamin C pro 100 Gramm Kohl und fast doppelt so viel Kalzium wie Milch.

VIELFALT UND DIVERSITÄT

Kann man auch andere Lebensmittel durch Milchsäuregärung fermentieren?

Bei uns ist Sauerkraut das wohl populärste milchsauer vergorene Lebensmittel. Aber man kann natürlich nicht nur Weißkohl auf diese Weise konservieren. Von den heimischen Gemüsesorten sind Blumenkohl, Chinakohl,

Broccoli, Rote Bete, Karotten, Gurken, Bohnen, Zwiebeln, Wirsing, Tomaten, Kohlrabi, Rotkohl, Sellerie und Rettich, um nur einige zu nennen, besonders gut für diese Zubereitungsart

geeignet. Blattgemüse und sehr wasserhaltige Gemüsesorten sollte man wegen der schlechteren Gäreigenschaften besser nicht verwenden.

FERMENTATION VON LEBENSMITTELN

Das Fermentieren von Lebensmitteln ist vermutlich die älteste Konservierungsmethode überhaupt. Sie ist in nahezu allen Regionen und Kulturen der Erde bekannt. Fermentierte bzw. vergorene Lebensmittel spielen in unserer Ernährung eine große Rolle: Man denke nur an Käse und andere Milchprodukte, Wein, Essig, eingelegtes Obst und Gemüse, Oliven, Kimchi oder Miso. Die alte Technik erfreut sich seit einigen Jahren nicht nur in der Gastronomie, sondern auch in den heimischen Küchen immer größerer Beliebtheit.

Außerdem ist Fermentieren – anders als andere Konservierungsmethoden (Einfrieren oder Einkochen) – unheimlich umweltfreundlich: Es verbraucht keine Energie!

SCHWEINEFLEISCH

GESUNDHEIT

Warum steht Schweinefleisch im Ruf ungesund zu sein?

Das liegt vor allem am schlechten Verdauungssystem von Schweinen. Im Gegensatz zu Wiederkäuern, bei denen die Verdauung 24 Stunden braucht, dauert der Verdauungsprozess bei Schweinen nur etwa vier Stunden. In der kurzen Zeit können überschüssige Giftstoffe nur teilweise abgebaut werden. Die Toxine werden in die Fettzellen und Organe transportiert, wo sie sich anlagern. Diese Toxine essen wir mit, wenn wir Schweinefleisch essen. Außerdem wird immer behauptet, Schweinefleisch sei fetter als andere Fleischsorten. Doch das stimmt nicht. Im Gegenteil: Während beim Rind das Fett im Muskelgewebe eingelagert wird und wichtig für den guten Geschmack ist, lagert sich das Fett bei Schweinen am Fleisch an und kann vor der Zubereitung bzw. vor dem Verzehr entfernt werden.

Gibt die Farbe des Fleisches Auskunft über die Qualität?

Wie beim Kalbfleisch kauft der Verbraucher am liebsten helles Schweinefleisch. Besser wäre es jedoch, er würde zu dunklerem Fleisch greifen. Die dunklere Farbe ist ein Zeichen dafür, dass das Schwein eisenreich und ausgewogen gefüttert wurde. Durch diese Art der Mast reduziert sich der Einsatz von Antibiotika, was wiederum unserer Gesundheit zugutekommt.

SOZIALE GERECHTIGKEIT UND FAIRE PREISE

Wie kommt es, dass Schweinefleisch so spottbillig angeboten wird?

Billiges Schweinefleisch stammt aus Massentierhaltung, wo die Tiere unter schlechten Bedingungen gehalten werden und in kürzester Zeit ihr Schlachtgewicht erreichen. Eine Alternative dazu ist Bio-Fleisch, das unter tiergerechten Bedingungen produziert wird. Allerdings ist es auch teurer als das Fleisch beim Discounter. Lieber ein Stück Fleisch pro Woche weniger, dafür aber von besserer Qualität!

WAS IST SELCHFLEISCH?

„Geselchtes" ist der Sammelbegriff für geräucherte Kochpökelwaren, die ein fester Bestandteil der traditionellen Südtiroler bzw. österreichischen Küche sind. Zuerst werden die Schweinefleischstücke mit einer Mischung aus Kochsalz und Salpeter gepökelt. Wird das gepökelte Fleisch anschließend noch geräuchert, nennt man es Selchfleisch. Beide Verfahren verleihen dem Fleisch ein typisches, intensives Aroma.

RESSOURCENVERBRAUCH UND KLIMASCHUTZ

Wie viel Futtermittel verbraucht die Schweinemast?

Früher wurden die Schweine auf dem Bauernhof mit Rüben, Kartoffeln, Eicheln, Bucheckern, Getreide und teilweise mit Essensresten gemästet. Heute wird in der Schweinemast hauptsächlich Getreide und Soja verfüttert. Die Ackerflächen, auf denen in Monokultur Tierfutter angebaut wird, machen fast 40 Prozent der Ackerfläche aus.

Pochiertes Ei mit Selleriepüree und Hallimasch

Für 4 Personen

ZUTATEN

2 l Wasser
1 EL Weißweinessig
4 Freilandeier
10 Scheiben trockenes
  Toastbrot
10 Basilikumblätter
10 Petersilienblätter

10 Minzeblätter
3 Thymianzweige
Mehl zum Panieren
1 Ei, verquirlt
Öl zum Frittieren

ZUM ANRICHTEN

200 g Hallimasch
Olivenöl
Salz
240 g Selleriepüree
grobes Salz
40 Spinatblätter

ZUBEREITUNG | Wasser mit Essig zum Kochen bringen. Die Eier einzeln aufschlagen, ohne das Eigelb zu verletzen. Vorsichtig in eine kleine Schale gleiten lassen. Essig-Wasser mit einem Schneebesen verrühren, sodass eine Art Strudel entsteht. Die Eier nacheinander in den Strudel geben und etwa 2 ½ Minuten pochieren. Mit einer Schaumkelle vorsichtig herausnehmen und auf einem Küchentuch auskühlen lassen.
Toastbrotscheiben entrinden und grob zerkleinern. Basilikum, Petersilie und Minze fein schneiden, Thymianblättchen vom harten Stiel streifen. Kräuter und Toastbrot vermengen und im Mixer zerkleinern. Die pochierten Eier in Mehl wälzen, durch das verquirlte Ei ziehen und vorsichtig mit der Kräuterpanade panieren. Öl auf 180 Grad erhitzen und Eier darin etwa 2 Minuten frittieren.

ANRICHTEN | Hallimasch putzen und von den Stielen befreien. Etwa 2 Minuten in Olivenöl schwenken und mit Salz würzen.
Selleriepüree vorsichtig erwärmen und auf Teller geben. Das pochierte Ei daneben anrichten und mit grobem Salz bestreuen. Mit Hallimasch und Spinatblättern garnieren.

→ Eier: S. 90 | Spinat: S. 71 | Wurzelgemüse: S. 126

EIER

GESUNDHEIT

Sollte man wegen des Cholesteringehalts auf Eier verzichten?
Lange Zeit galten Eier als ungesund. Sie standen im Ruf, den Cholesterinspiegel steigen zu lassen und das Risiko für Herzerkrankungen zu fördern. Neuere Studien haben jedoch gezeigt, dass Eier so gut wie keine Auswirkungen auf den menschlichen Cholesterinspiegel haben. Und das, obwohl Eier ungefähr doppelt so viel Cholesterin enthalten wie ein Steak oder Schnitzel. Einen deutlich größeren Einfluss auf den menschlichen Cholesterinspiegel haben hingegen gesättigte Fettsäuren, wie sie in Fleisch, Käse und tierischen Fetten vorkommen. Diabetiker und Menschen mit koronaren Herzerkrankungen sollten aller-dings weniger Eier essen. Für gesunde Menschen gilt diese Einschränkung nicht, denn spezielle Mechanismen im Verdauungssystem verhindern, dass der Körper zu viel Cholesterin aus den Nahrungsmitteln ins Blut aufnimmt.

Eier sind als Teil einer gesunden Ernährung unbedingt zu empfehlen. Sie enthalten viele Mikronährstoffe, Vitamine (D, B, K), Mineralstoffe und Jod. Ihr hoher Eiweißgehalt sättigt und kann so beim Abnehmen helfen. Die Nährstoffe befinden sich sowohl im Eiweiß als auch im Eigelb. Eiweiß ist darüber hinaus reich an Albumin, das den Transport nicht wasserlöslicher Substanzen (z. B. Hormone, Vitamine, Fettsäuren sowie einige Medikamente) im Blut ermöglicht. Damit das Albumin von unserem Körper absorbiert werden kann, muss das Ei jedoch gekocht werden. Gekochte Eier enthalten – im Gegensatz zu rohen – darüber hinaus mehr Karotinoide, die der Hautalterung und Krebs vorbeugen. Die im Eigelb vorkommenden Proteine können allerdings besser verdaut werden, wenn man das Ei roh isst.

NACHHALTIGE LANDWIRTSCHAFT

Woran erkennt man die Qualität und die Herkunft von Eiern?
Jedes Ei ist durch einen Code gekennzeichnet, der Auskunft über die Art der Tierhaltung und das Herkunftsland gibt. Außerdem muss auf der Verpackung das Mindesthaltbarkeitsdatum angegeben werden.
Die Zahl am Anfang steht für die Haltungsform (0 = biologische Landwirtschaft, 1 = konventionelle Freilandhaltung, 2 = Bodenhaltung, 3 = Käfighaltung), die Buchstaben stehen für das Herkunftsland und die restlichen Zahlen für die Betriebs- und Stallnummer.

Käfighaltung
Bei der Käfighaltung haben die Hühner sehr wenig Platz. Jeder Legehenne stehen etwa zwei Drittel eines DIN-A4-Blattes zur Verfügung. Der Käfigboden ist meist abgeschrägt, damit die Eier besser abrollen können. Seit 2012 ist die Käfighaltung in der gesamten Europäischen Union verboten. Trotzdem heißt das nicht, dass keine Eier aus Käfighaltung mehr für die Lebensmit-

telproduktion verwendet werden. Vor allem in Backwaren, Nudeln und Mayonnaise findet man Eier aus Käfighaltung. Auf dem Etikett dieser verarbeiteten Lebensmittel muss die Herkunft der Eier nicht angegeben werden.

Bodenhaltung

Bei der Bodenhaltung müssen die Tier über Sitzstangen verfügen. Außerdem muss mindestens ein Drittel der Stallfläche eingestreut sein. Die Besatzdichte (Anzahl der Hühner pro m²) ist allerdings immer noch sehr hoch. Ungefähr neun Tiere sind auf einem Quadratmeter eingepfercht. Dies führt häufig zu Verhaltensstörungen, zum Beispiel zu Kannibalismus und Federpicken. Um dem vorzubeugen, werden gezielt Beruhigungsmittel verabreicht.

Freilandhaltung

Bei der Freilandhaltung muss neben dem Stall ein Freilauf vorhanden sein, in dem sich die Legehennen tagsüber uneingeschränkt bewegen können. Die Freilandfläche muss gleichmäßig mit Büschen, Hecken, Mais und anderen Pflanzen bewachsen sein, die den Tieren Unterschlupf- und Schutzmöglichkeiten bieten. Der Mindestfreilauf pro Huhn beträgt 4 m².

Biologische Freilandhaltung

Die biologische Freilandhaltung ist die tierfreundlichste Haltungsform. Im Stall dürfen pro Quadratmeter maximal sechs Tiere gehalten werden, ein Drittel der Stallfläche muss zusätzlich eingestreut sein. Für den Freilauf gelten die gleichen Regeln wie für die konventionelle Freilandhaltung. Außerdem ist die vorbeugende Gabe von Medikamenten verboten. Der Unterschied zwischen biologischen und konventionellen Freilandeiern liegt aber vor allem in der Fütterung der Tiere. Während die Hennen in der konventionellen Freilandhaltung auch mit konventionellem Futter gefüttert werden, bekommen sie in der ökologischen Haltung ausschließlich Futter aus biologischem Anbau.

SOZIALE GERECHTIGKEIT UND FAIRE PREISE

Was kostet ein Ei?

Der Realpreis von Eiern sinkt seit Jahren. Ein Ei kostet heute, unter Berücksichtigung der Inflation, viel weniger als in den Nachkriegsjahren. Auch wenn der technologische Fortschritt und die Verbesserungen in Zucht, Haltung und Fütterung zu einer Steigerung der Legeleistung der Hennen geführt haben, gehen die niedrigen Preise doch zu Lasten der Tiere, die oft unter schlechten Bedingungen gehalten werden. Der Preis, den der Konsument heute für ein Ei bezahlt, hängt von der Form der Tierhaltung ab. Eier aus Bodenhaltung kosten nur noch 10 bis 20 Cent, die aus normaler Freilandhaltung zwischen 20 und 30 Cent und für Bio-Eier muss man rund 42 Cent bezahlen. Der höhere Preis der Bio-Eier liegt daran, dass ihre Erzeugung, was Fütterung, Stall- und Freilandfläche sowie Gesundheitspflege der Tiere betrifft, aufwendiger ist.

Kaufen Sie Eier am besten direkt vom Bauernhof und achten Sie auf die Anzahl der Legehennen, die dort gehalten werden. In der Regel gilt: Je weniger Hühner desto besser die Eier.

WORAN ERKENNE ICH, OB DAS EI FRISCH IST?

Es gibt verschiedene Methoden, mit denen man festzustellen kann, ob ein Ei frisch ist:

● Schütteln Sie das Ei hin und her. Wenn Sie kein Geräusch hören, ist das Ei frisch. Alte Eier glucksen.

● Legen Sie das Ei in ein Glas mit kaltem Wasser. Wenn es auf den Boden sinkt, ist es frisch, stellt es sich mit dem stumpfen Ende nach oben leicht schräg, ist es etwa sieben bis 14 Tage alt. Wenn es auf der Spitze steht – das stumpfe Ende zeigt nach oben –, ist es mindestens drei Wochen alt. Ein Ei, das oben schwimmt, sollten Sie nicht mehr verwenden. Es ist uralt und garantiert ungenießbar.

● Schlagen Sie das Ei auf. Bei frischen Eiern wölbt sich das Eigelb vor und das Eiweiß ist dickflüssig. Ist das Eigelb dagegen flach und vermischt sich mit dem Eiweiß, handelt es sich um ein altes Ei, das Sie nicht mehr verzehren sollten.

Kabeljaustrudel mit Tomaten-Oliven-Ragout

Für 4 Personen

FÜR DEN KABELJAU-STRUDEL
800 g Kabeljaufilet
Olivenöl
2 Knoblauchzehen
5 Thymianzweige
Salz, Pfeffer aus der Mühle
200 g Sahne
100 g gekochte Kartoffeln,
  in Würfel geschnitten

200 g Nudelteig (siehe S. 47)
1 Eigelb

FÜR DAS TOMATEN-OLIVEN-RAGOUT
2 Schalotten, fein gehackt
Knoblauchöl (siehe S. 61)
200 g geschmorte Tomaten
  (siehe Tipp)
1 Thymianzweig

5 Basilikumblätter
5 Petersilienblätter
50 g Oliven ohne Stein
  (z. B. Taggiasca-Oliven)
Salz, Pfeffer aus der Mühle

ZUM ANRICHTEN
Basilikumblätter

ZUBEREITUNG | Kabeljau von Haut und Gräten befreien und in kleine Würfel schneiden. Olivenöl in einer Pfanne erhitzen, Knoblauch und Thymian zugeben, kurz andünsten. Kabeljau zufügen und etwas anschwitzen, salzen und pfeffern. Mit Sahne aufgießen und etwa 30 Minuten köcheln lassen. Knoblauchzehen und Thymian entfernen, Kabeljau mit einer Gabel leicht zerdrücken. Kartoffelwürfel zugeben und Masse gut auskühlen lassen. Nudelteig dünn ausrollen, Füllung darauf verteilen und Teig zu einem Strudel aufrollen. Mit Eigelb bestreichen und im vorgeheizten Backofen bei 160 Grad etwa 10 Minuten backen. Für das Tomaten-Oliven-Ragout Schalotten in Knoblauchöl anschwitzen, geschmorte Tomaten, Thymian, Basilikum, Petersilie und Oliven zugeben. Mit Salz und Pfeffer würzen und etwa 5 Minuten garen. Kräuter entfernen.

ANRICHTEN | Strudel in gleiche große Stücke schneiden. Tomaten-Oliven-Ragout auf Teller verteilen und jeweils 3 Strudelscheiben daraufsetzen. Mit gezupften Basilikumblättern garnieren.

TIPP | Für die geschmorten Tomaten lassen Sie 40 enthäutete Strauchtomaten mit 3 halbierten Knoblauchzehen, 1 Thymianzweig, 1 Rosmarinzweig, 5 Basilikumblättern, Salz, Pfeffer, Zucker und Olivenöl auf einem Backblech bei 130 Grad etwa 1 Stunde schmoren.

Eier: S. 90 | Kabeljau: S. 94 | Tomaten: S. 97

KABELJAU

Welche Auswirkungen hat der Kabeljaufang auf das Ökosystem der Meere?

Zur Überfischung von Kabeljau trägt vor allem die Fangmethode bei. Der Fisch wird hauptsächlich mit Schleppnetzen gefangen, die hinter dem Schiff über den Meeresboden gezogen werden. Die Schleppnetze sind nicht nur für den Kabeljaubestand gefährlich, sondern auch für das Ökosystem der Meere. Denn an der Unterseite der engmaschigen Netze befinden sich Gewichte, die den Meeresboden so stark aufwühlen, dass das Bodenökosystem zerstört wird. Auf diese Weise wurden und werden zum Beispiel ganze Kaltwasserkorallenriffe oder Schwämme vernichtet.

Darüber hinaus wird mit diesen Schleppnetzen ein hoher Beifang erzielt. Es werden also Fische und andere Meeresbewohner gefangen, die man nicht haben will und die nicht verwertet, sondern tot im Meer entsorgt werden. Auf diese Weise sterben jährlich unzählige Wale, Delfine und

HERKUNFT, REGIONALITÄT, SAISONALITÄT

Kann man Kabeljau ohne schlechtes Gewissen essen?

Der Kabeljau ist zum Synonym für die Überfischung der Meere geworden. Damit sich die Bestände nicht weiter reduzieren, gibt es festgelegte Fangquoten, Vorschriften für die Netze und strenge Kontrollen über deren Einhaltung. Der Kabeljau lebt in nördlichen Meeresgebieten, in denen die Wassertemperatur 0–20 Grad beträgt, also im Atlantik, in der Nordsee, rund um Island oder an der Ost- und Nordküste Nordamerikas. Bis auf den Winterkabeljau, der von Januar bis April mit Langleinen und Handangeln gefischt wird, gehört dieser Fisch zu den bedrohten Arten, von deren Verzehr Umweltschutzverbände wie der WWF und Greenpeace abraten. Doch es gibt auch eine gute Nachricht: Den in Norwegen nachhaltig gezüchteten Kabeljau kann man bedenkenlos genießen.

Tümmler, aber auch Seevögel, Meeresschildkröten, Haie, Krebse, Seesterne, Muscheln und Jungfische.

Was können wir Konsumenten gegen die Überfischung der Meere und die Zerstörung des Ökosystems tun?

Um Fisch mit gutem Gewissen essen zu können, sollten Sie beim Einkauf auf das MSC-Zertifikat achten. Das Marine Stewardship Council (MSC) ist eine vom WWF gegründete Organisation, deren Ziel eine nachhaltige und verantwortungsbewusste Fischerei ist, um die Fischbestände zu sichern und das Ökosystem zu erhalten. Fischereibetriebe, die sich an die vom MSC entwickelten Regeln und Standards halten,

bekommen das MSC-Zertifikat verliehen. Die Fischer müssen nach folgenden Grundprinzipien arbeiten:
→ Gefischt werden nur Bestände, die in einem guten Zustand sind, das heißt, dass auch in Zukunft genug Fische da sind.
→ Beim Fischen wird der Lebensraum Meer geschont, das heißt, der Fischer nimmt auf andere Meeresbewohner und das Ökosystem Rücksicht. Betrachtet werden hier die Fangmethoden und der Beifang.
→ Das Fischereimanagement ist effektiv und verantwortungsbewusst, das heißt, es hält Gesetze und Vorschriften ein und reagiert schnell und angemessen auf veränderte Rahmenbedingungen.

VIELFALT UND DIVERSITÄT

Was hat Stockfisch mit Kabeljau zu tun?

Stockfisch ist keine Fischart, sondern die Bezeichnung für durch Trocknung konservierten Fisch. Diese Konservierungsmethode geht auf Zeiten zurück, in denen es noch keine Kühl- und Gefrierschränke gab. Die Fische, vor allem Kabeljau, wurden und werden paarweise an den Schwanzflossen zusammengebunden und an Holzgestellen (norwegisch stókk) zum Trocknen aufgehängt. Auf diese Weise konnte man frischen Fisch länger aufbewahren. Der Fisch trocknet mehrere Wochen im Meereswind. Dabei verliert er 70–80 Prozent seines Wassergehaltes. Vor der Zubereitung muss er deshalb gewässert werden. Stockfisch ist, obwohl diese Konservierungsmethode aus Skandinavien stammt, ein fester Bestandteil der mediterranen Küche. Noch heute stammen die meisten Stockfischimporte aus Norwegen, Island und von den Färöer-Inseln. Auch für die Herstellung von Baccalà wird Kabeljau verwendet. Dieser wird allerdings nicht getrocknet, sondern durch Pökeln (Einsalzen) konserviert.

EXKURS

ÜBERFISCHUNG DER MEERE

Seit dem letzten Jahrhundert hat sich der Fischfang ebenso entwickelt wie die intensive Landwirtschaft. Die Fangmenge hat in den letzten 60 Jahren stark zugenommen. Gleichzeitig hat sich der Bestand der großen Speise- und Raubfische (Thunfisch, Schwertfisch und Hai) dramatisch reduziert. Aber nicht nur Meeresfische sind bedroht, sondern auch einige Süßwasserfische wie zum Beispiel der Stör. Diese Entwicklung hängt vor allem mit der gestiegenen Nachfrage nach Fisch und Fischprodukten zusammen. Im Vergleich zu den 1950er-Jahren hat sich der Fischkonsum weltweit verdoppelt, was natürlich Auswirkungen auf den Fischbestand der Meere hat. Laut der Ernährungs- und Landwirtschaftsorganisation der Vereinten Nationen (FAO) galten im Jahr 2013 30 Prozent der weltweiten Meeresfischbestände als überfischt und ungefähr 60 Prozent als maximal genutzt. Besonders schlimm ist die Situation im Mittelmeer: Hier gelten laut EU-Kommission 96 Prozent der bodennahen Arten sowie 71 Prozent der Fische aus mittleren Tiefen als überfischt. Die Überfischung der Meere hat nicht nur bedeutende ökologische Folgen, sie hat auch große soziale Auswirkungen, wenn man bedenkt, dass Fisch für etwa ein Sechstel der Menschheit die einzige Proteinquelle ist und der Fischfang die wirtschaftliche Lebensgrundlage eines Großteils dieser Menschen darstellt. Aufgrund der zunehmenden Knappheit werden die Preise für Fischprodukte in den kommenden Jahren vermutlich stark ansteigen. Diese Teuerung wird voraussichtlich dazu führen, dass gerade ärmere Menschen in Entwicklungsländern sich kaum noch Fisch werden leisten können, obwohl sie die Eiweißquelle Fisch für eine ausgewogene Ernährung dringend benötigen würden.

Eine Mitschuld an dieser Situation tragen die wenigen großen Konzerne, die die Mehrheit der Fischquoten kontrollieren – sowohl im Süden als auch im Norden. In Island wird die Hälfte der Fischquoten von nur zehn Unternehmen kontrolliert. In China herrscht eine noch weit schlimmere Situation: Vier große Unternehmen kontrollieren hier 90 Prozent des Fischquotenmarktes. Man nennt dieses Phänomen, das den kleinen Fischern schadet, Ocean grabbing. Um die weltweite Nachfrage zu befriedigen, werden heute viele Fischarten in Aquakulturen (in Süßwasser- und Meereszuchten) gezüchtet. Bereits jeder zweite Fisch stammt aus einem Zuchtbetrieb. Aquakulturen allein können aber das Problem der Überfischung nicht lösen. Außerdem sind konventionell arbeitende Aquakulturen das Pendant zur intensiven Tierhaltung in der Landwirtschaft. Zu den mit Aquakulturen verbundenen Problemen gehören beispielsweise die Zerstörung ganzer Küstenstriche (durch die Abholzung der Mangrovenwälder), der Einsatz von Antibiotika, die Verschmutzung sowie Überdüngung von Gewässern und der Einsatz von Fischfutter, das oft nicht nachhaltig gefangen wird. Für ein Kilogramm Fisch aus Aquakultur werden drei Kilogramm Fischfutter gebraucht, bei der Thunfischmast sogar bis zu 22 Kilogramm. Das trägt ebenfalls zur Überfischung der Meere bei.

Nachhaltige Aquakultur

Achten Sie beim Kauf von Fisch aus Aquakulturen auf das ASC-Zertifikat des Aquaculture Stewardship Council (ASC). Es garantiert die Einhaltung von Mindeststandards, auch wenn diese noch verbesserungswürdig sind. Für Fisch aus biologischen Aquakulturen gelten ähnliche Prinzipien wie in der biologischen Landwirtschaft. Die Tiere werden artgerecht gehalten und das Futter enthält keine Antibiotika, Pestizide oder synthetische Farbstoffe. Gefüttert werden Nebenprodukte aus der Speisefischindustrie, sodass die Wildfischbestände nicht zusätzlich belastet werden. Außerdem werden Maßnahmen zum Schutz der Gewässer und der umgebenden Natur umgesetzt.

TOMATEN

RESSOURCENVERBRAUCH UND KLIMASCHUTZ

Wie hoch ist die CO_2-Emission beim Anbau von einem Kilogramm Tomaten?

Die CO_2-Emission im Tomatenanbau hängt von der Herkunft, der Jahreszeit, der Sorte, den Kulturmaßnahmen, der Energiequelle für die Heizung der Gewächshäuser und den eingesetzten Transportmitteln ab. Wenn Kirschtomaten beispielsweise konventionell im Gewächshaus angebaut werden, werden sie zu einem der kohlenstoffintensivsten Lebensmittel überhaupt. Im Gegensatz dazu verursachen traditionelle Sorten, die saisonal und ökologisch angebaut werden, nur eine sehr geringe CO_2-Emission. Allerdings steht der ökologische Anbau nicht automatisch für Klimaverträglichkeit. Wenn beim ökologischen Anbau fossile Energieträger zum Heizen der Gewächshäuser verwendet werden, ist hier der Kohlenstoffausstoß sogar noch höher als beim konventionellen Anbau. Der Grund liegt in der Tatsache, dass im ökologischen Anbau bei gleicher beheizter Fläche weniger Tomaten produziert werden. Wenn die Tomaten dagegen nicht in Gewächshäusern wachsen, macht der Transport den größten Anteil am CO_2-Fußabdruck aus.

SOZIALE GERECHTIGKEIT UND FAIRE PREISE

Warum sind importierte Tomaten oft billiger als Tomaten aus der Region?

Wenn wir für ein Kilogramm Tomaten im Supermarkt oder auf dem Markt drei Euro bezahlen, bekommt der Erzeuger in Südspanien oder Italien davon gerade einmal fünf bis 35 Cent. Durch den enormen Preisdruck sind die Bedingungen, zu denen die landwirtschaftlichen Hilfskräfte in diesen Ländern beschäftigt werden, ausgesprochen schlecht. Viele Tagelöhner in der Landwirtschaft sind illegale Zuwanderer ohne Papiere und Arbeitsvertrag. Sie sind von ihren Arbeitgebern abhängig und müssen so die miserablen Löhne akzeptieren. Ihr Tagesverdienst beträgt selten mehr als 25 Euro.

Saibling auf Linsensalat mit Rotwein-Zwiebel-Vinaigrette

Für 4 Personen

ZUTATEN
400 g Saiblingsfilet
Salz, Pfeffer aus der Mühle
Knoblauchöl
  (Siehe S. 61)
Olivenöl

FÜR DEN LINSENSALAT
200 g Berglinsen,
  12 Stunden eingeweicht
100 g gelbe Linsen
30 g Karotten
30 g Zucchini
30 g Sellerieknolle
Olivenöl
Salz, Pfeffer aus der Mühle
30 g Petersilie,
  fein geschnitten

FÜR DIE ROTWEIN-ZWIEBEL-VINAIGRETTE
50 g rote Zwiebeln
1 EL Rotweinreduktion
  (siehe Tipp)
1 TL Balsamicoessig
5 EL Olivenöl
Salz, Pfeffer aus der Mühle

ZUM ANRICHTEN
Vogelsalat (Feldsalat)

ZUBEREITUNG | Saiblingsfilet in 8 gleich große Stücke schneiden, salzen, pfeffern und mit Knoblauchöl bestreichen. Auf der Hautseite in Olivenöl etwa 4 Minuten anbraten, anschließend auf der Fleischseite etwa 1 Minute fertig garen.
Beide Linsensorten getrennt in Wasser weich kochen, abseihen. Karotten, Zucchini und Sellerie putzen, in feine Würfel schneiden und in Olivenöl andünsten. Mit Salz und Pfeffer würzen. Gemüse, Linsen und Petersilie vermischen und warm stellen.
Für die Rotwein-Zwiebel-Vinaigrette rote Zwiebeln schälen, in feine Streifen schneiden und in Olivenöl farblos anschwitzen. Mit Rotweinreduktion ablöschen und erkalten lassen. Mit Balsamicoessig, Olivenöl, Salz und Pfeffer verrühren.

ANRICHTEN | Linsensalat mit Rotwein-Zwiebel-Vinaigrette vermischen und auf Teller verteilen, Saibling darauflegen und mit Vogelsalat garnieren.

TIPPS | Für die Rotweinreduktion 1 l Rotwein mit 6 EL Zucker auf 100 ml einkochen.
Die gelben Linsen nicht einweichen. Gelbe Linsen haben eine kurze Kochzeit.

→ Gemüse: S. 78 | Saibling: S. 100 | Salat: S. 62 | Wein: S. 40 | Wurzelgemüse: S. 126

SAIBLING

NACHHALTIGE LANDWIRTSCHAFT

Woher kommt der Saibling beim Fischhändler?

Der im Handel angebotene Saibling kommt fast immer aus Aquakultur, also Zucht. Er ist deshalb ganzjährig verfügbar. Saiblinge werden meist in Durchflussanlangen gezüchtet, das heißt, in Zuchtbecken oder Teichen, in denen ein ständiger Wasseraustausch stattfindet. Für die Produktion von einem Kilogramm Saibling werden ein bis vier Kilogramm Wildfisch in Form von Fischmehl oder -öl verfüttert. Saiblinge stellen sehr hohe Ansprüche an die Wasserqualität: Es muss kalt, sauber und sehr sauerstoffreich sein.

VIELFALT UND DIVERSITÄT

Wie viele Arten gibt es?

Der Saibling gehört zur Gattung der Salmoniden (der lachsähnlichen Fische). Man unterscheidet verschiedene Arten: den Bachsaibling, den Seesaibling und den Elsässer Saibling (eine Kreuzung aus Bach- und Seesaibling). Der Seesaibling hat sich durch die Eiszeit sehr weit verbreitet. Er lebt in kalten Binnengewässern, Flüssen bzw. küstennahen Meeresgewässern. Der Bachsaibling wurde 1884 aus seiner ursprünglichen Heimat Nordamerika nach Europa eingeführt. Dass man kaum Bachsaiblinge aus natürlichen Gewässern auf dem Markt findet, liegt daran, dass er an ähnlichen Plätzen wie die Bachforelle lebt und sich beide gegenseitig verdrängen.

Sind Süßwasserfische wie der Saibling durch Überfischung bedroht?

In Europa ist mehr als jeder dritte Süßwasserfisch vom Aussterben bedroht. Dafür ist nicht nur die Überfischung verantwortlich, sondern auch die Verschmutzung der Gewässer sowie die Einsetzung fremder Arten. Weitere Probleme sind die Einleitung von Kühlwasser aus Industrieanlagen, das die Binnengewässer immer mehr erwärmt, sowie die Wasserschwankungen durch Stauwerke. Saiblinge können Sie jedoch weiter mit gutem Gewissen genießen. Im Gegensatz zum Stör, bei dem die Weltnaturschutzunion (IUCN) sieben der acht europäischen Arten als stark gefährdet einstuft. (Für weitere Informationen zur Überfischung siehe Seite 96.)

WUSSTEN SIE, DASS …

… Saiblinge sehr gesund sind?

Der Saibling ist zwar ein fettreicher Fisch, aber sein Fettanteil (unter 70 %
ungesättigte Fettsäuren) liegt unter dem seiner Verwandten Lachs und
Forelle. Darüber hinaus ist er reich an Mineralien wie Eisen und Phosphor
sowie an Vitaminen (A und B). 100 Gramm Saibling enthalten 19 Gramm
Eiweiß und 2 Gramm Fett – und das bei nur 96 Kalorien.

WIE KANN ICH SAIBLINGE
VON ANDEREN FISCHEN
UNTERSCHEIDEN?

Saiblinge sehen Forellen, die eben-
falls zu den Lachsfischen gehören,
sehr ähnlich. Deshalb sollte man
im Geschäft aufpassen, dass der
als Saibling deklarierte Fisch
auch wirklich ein Saibling ist.
Saiblinge haben einen schlanken,
langgestreckten Körper, einen
flachen Kopf und kurz vor der
Schwanzflosse eine sogenannte
Fettflosse. Ihre Farbgebung reicht
von anthrazit über olivgrün bis
orange. An der Seite kann man in
der Regel eine feine Linie entde-
cken. Seesaiblinge haben noch
kleine gelb- bis rostbraune Flecken
am ganzen Körper. Die Bauchseite
ist meist hell.
Frischen Saibling erkennen Sie an
den fünf Frischemerkmalen für
Fisch: Geruch; glänzende, feuchte
Haut; festes, elastisches Fleisch;
glänzende, nach außen gewölbte
Augen und rote, festanliegende
Kiemen.

Hühnerbrust mit Bärlauchfüllung und Gemüse

Für 4 Personen

FÜR DIE GEFÜLLTE HÜHNERBRUST
200 g Hühnerbrust, pariert
50 g Bärlauch
100 g Sahne
10 Eiswürfel
2 Freilandhühner
Olivenöl

250 g Wurzelgemüse,
* in Würfel geschnitten*
½ EL Tomatenmark
3 l Gemüsefond
* (siehe S. 35)*

FÜR DAS GEMÜSE
16 Brokkoliröschen
4 Kohlrabi,
* in Würfel geschnitten*
Olivenöl
etwas Gemüsefond
Butter
Salz, Pfeffer aus der Mühle

ZUBEREITUNG | Hühnerbrust in Würfel schneiden und Bärlauch grob zerkleinern. Sahne und Eiswürfel dazugeben, gut vermengen und 20 Minuten im Tiefkühlfach leicht anfrieren lassen. Im Mixer zu einer feinen Farce pürieren. Kalt stellen. Die Freilandhühner entbeinen. Hühnerbrüste parieren und vorsichtig eine Tasche hineinschneiden. Bärlauchfarce mit einem Spritzbeutel in die Tasche füllen. Hühnerbrüste salzen, pfeffern und auf der Hautseite in Olivenöl scharf anbraten. Wenden und im vorgeheizten Backofen bei 150–180 Grad etwa 20 Minuten garen. Knochen zerkleinern und in Olivenöl scharf anrösten. Wurzelgemüse und Tomatenmark dazugeben, ebenfalls anrösten und mit Gemüsefond aufgießen. Etwa 2 Stunden köcheln lassen, salzen und pfeffern. Sauce durch ein feines Sieb gießen und auf die gewünschte Konsistenz einkochen lassen. Brokkoli in Salzwasser garen und in Eiswasser abschrecken. Kohlrabiwürfel in Olivenöl farblos anschwitzen, etwas Gemüsefond aufgießen und 10 Minuten dünsten. Mit Salz und Pfeffer würzen. Brokkoliröschen in Butter schwenken, salzen und pfeffern.

ANRICHTEN | Die gefüllten Hühnerbrüste quer halbieren. Kohlrabi und Brokkoli auf Teller verteilen, Hühnerbrust dazwischen anrichten und mit Sauce garnieren.

TIPP | Alle Teile vom Huhn, die nicht für dieses Rezept gebraucht werden, können Sie anderweitig verwenden. Die Keulen kann man sehr gut braten und aus dem restlichen Hühnerfleisch lässt sich eine kräftige Hühnerbrühe kochen.

Butter: S. 58 | Geflügel: S. 104 | Gemüse: S. 78 | Wurzelgemüse: S. 126

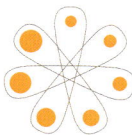

GEFLÜGEL

Verhaltensstörungen und Krankheiten kommt, ist kein Wunder. Ganz anders sieht es da in der ökologischen Tierzucht aus. Hier leben die Tiere länger (etwa 70 Tage), haben im Stall in kleineren Herden (etwa vier bis zehn Tiere auf einem Quadratmeter) mehr Fläche zur Verfügung und bekommen Auslauf, um zu picken und zu scharren.

ÖKOEFFEKTIVITÄT UND KREISLAUFWIRTSCHAFT

Sollte man Geflügel zerteilt oder im Ganzen kaufen?

Egal, ob die Tiere aus der Massentierhaltung oder vom Biohof kommen, die Verbraucher wollen eigentlich nur die Brust und die Keulen. Der Rest wird meist verarbeitet oder ins Ausland verkauft.

Kaufen Sie, auch wenn Sie nur die Hühnerbrust zubereiten wollen, ruhig ein ganzes Freilandhuhn. Aus dem restlichen Fleisch kann man eine sehr gehaltvolle Hühnerbrühe kochen und das Fleisch für Frikassee oder andere Gerichte verwenden.

NACHHALTIGE LANDWIRTSCHAFT

Was bedeutet Massentierhaltung für die Tiere?

Geflügel erfreut sich allgemeiner Beliebtheit, daran ändern auch Berichte über den Einsatz von Antibiotika oder die Massentierhaltung nichts. Die wenigsten Verbraucher interessieren sich dafür, wo das Hähnchen auf ihrem Teller herkommt. Noch immer entscheidet der Käufer nach dem Preis und nicht danach, wo und wie das Tier aufgezogen wurde. Geflügel aus konventioneller Produktion stammt, auch wenn auf dem Etikett „Bodenhaltung" steht, aus Massentierhaltung. Die Tiere werden in großen Hallen in etwa 42 Tagen auf ein Schlachtgewicht von 2 ½ kg gemästet. Sie bleiben ihr gesamtes kurzes Leben im Stall und haben sehr wenig Platz. Auf einem Quadratmeter Fläche leben zwischen 14 und 28 Masthähnchen, das heißt, jedes Tier hat nicht mehr als eine DIN-A4-Seite Platz zur Verfügung. Dass es auf so engem Raum zu

SOZIALE GERECHTIGKEIT

Warum kostet ein Bio-Huhn mehr als ein Industrie-Huhn?

Hühnerfleisch aus konventioneller Tierzucht kostet zwischen zwei und vier Euro pro Kilogramm, das Fleisch aus dem Bio-Betrieb leicht das Doppelte bis Dreifache. Der Preis hängt mit der Art und Weise zusammen, wie die Hühnchen aufwachsen. Die in konventionellen Betrieben verwendeten Rassen werden dank Kraftfutter in etwa fünf Wochen schlachtreif. Für die Tiere ist diese Form der Mast aber alles andere als gesund. Sie setzen in kürzester Zeit so viel Fleisch an, dass sie kaum laufen können. Ihre Gelenke und Knochen können das Gewicht nicht tragen. In konventionellen Ställen leben meist 20.000 bis 40.000 Tiere auf engstem Raum. Der Platzmangel führt zu Krankheiten, die durch den Einsatz von Antibiotika bekämpft werden; diese bleiben als Rückstände im Fleisch.
In Bio-Mastbetrieben leben die Tiere viel länger und es gibt Obergrenzen für die Herdengröße (maximal 4.800 Tiere pro Stall). Die Tiere legen nur langsam an Gewicht zu, weshalb sie keine Gelenkschäden bekommen und auch sonst gesünder sind. Durch das langsamere Wachstum schmeckt das Fleisch saftiger und aromatischer und schrumpft bei der Zubereitung nicht so stark.

GESUNDHEIT

Welche Folgen hat der Einsatz von Antibiotika auf den Menschen?

In der Hühnermast dürfen seit 2009 nur noch kranke Hühner mit Antibiotika behandelt werden. Diese müssen im Einzelfall vom Tierarzt verordnet werden, um sicherzugehen, dass sie nicht von den Züchtern zur Wachstumssteigerung eingesetzt werden. Wegen des großzügigen Einsatzes von Antibiotika finden sich in Industrie-Hühnern immer wieder Keime, die gegen Antibiotika resistent sind. Daran ändern auch die gesetzlichen Vorgaben über die Zeitspanne zwischen der Antibiotikagabe und der Schlachtung nichts. Steckt sich der Mensch mit diesen Keimen an, kann es sein, dass die zur Verfügung stehenden Antibiotika im Krankheitsfall nicht mehr wirken und Infektionen nicht geheilt werden können.

EXKURS
TIERHALTUNG

Bei der Tierhaltung unterscheidet man zwischen konventioneller und ökologischer Haltung. Ökologisch arbeitende Betriebe stellen das Tierwohl in den Vordergrund. Das heißt, die Tiere sollen gesund sein, sich wohlfühlen und ihre arteigenen Verhaltensweisen ausleben können. Die Anzahl der Tiere, die in diesen Betrieben gehalten wird, ist flächengebunden. Außerdem muss den Tieren genügend Platz für Ruhephasen und zur Futteraufnahme zur Verfügung stehen. Tageslicht, Bewegungsmöglichkeiten, Auslauf im Freien und der Kontakt zu Artgenossen tragen zur Tiergesundheit bei, sodass nicht nur Krankheiten, sondern auch Verhaltensstörungen vermieden werden, die im konventionellen Mastbetrieb an der Tagesordnung sind. Bio-Landwirte kümmern sich intensiv um das Wohlergehen ihrer Tiere. Sie füttern sie artgerecht mit Futter aus ökologischem Anbau und lassen ihnen Zeit, ihr Schlachtgewicht zu erreichen – im Gegensatz zu konventionellen Betrieben, die vor allem Kraftfutter einsetzen und die Tiere vorbeugend mit Antibiotika und Hormonen behandeln.

Kalbsbrust
mit Pfifferlingen gefüllt

Für 4 Personen

FÜR DIE FÜLLUNG
100 g Zwiebeln,
 fein geschnitten
1 Knoblauchzehe,
 fein gehackt
300 g Pfifferlinge, geputzt
 und grob geschnitten
Salz, Pfeffer aus der Mühle
1 EL Petersilie, fein gehackt
300 g Weißbrot,
 in Würfel geschnitten
2 Eier

FÜR DIE KALBSBRUST
2 ½ kg Kalbsbrust
Salz, Pfeffer aus der Mühle
100 g Zwiebeln
50 g Karotten
50 g Sellerieknolle
10 Knoblauchzehen
1 Rosmarinzweig
2 Salbeizweige
5 Lorbeerblätter
Olivenöl
2 l Gemüsefond (siehe S. 35)

ZUM ANRICHTEN
gedünstetes Gemüse
 (z. B. Bohnen, Sellerie)

ZUBEREITUNG | Zwiebeln und Knoblauch in Olivenöl andünsten, Pfifferlinge zugeben, salzen und etwa 5 Minuten dünsten. Mit Petersilie abschmecken und auskühlen lassen. Weißbrotwürfel zu den Pfifferlingen geben, vermengen und mit den Eiern zu einer homogenen Masse verrühren.
Kalbsbrust auslösen, parieren, salzen, pfeffern und Füllung in die Mitte geben. Vorsichtig einrollen und mit Küchengarn zusammenbinden.
Zwiebeln, Karotten und Sellerie putzen und in mittelgroße Würfel schneiden. Knoblauch, Rosmarin, Salbei und Lorbeerblätter mit dem Gemüse vermischen. Olivenöl in eine Kasserolle geben, Röstgemüse hineingeben und die gefüllte Kalbsbrust auf das Röstgemüse legen. Im vorgeheizten Backofen bei 150 Grad ungefähr 2 Stunden braten. Immer wieder mit Gemüsefond bzw. Bratensaft übergießen. Das Fleisch herausnehmen und warm stellen. Bratensaft durch ein feines Sieb passieren und bis zur gewünschten Konsistenz einkochen lassen.

ANRICHTEN | Kalbsbrust mit einem Brotmesser in Scheiben schneiden. Gemüse auf Tellern anrichten, Kalbsbrust darauflegen und mit Bratensaft beträufeln.

→ Brot: S. 36 | Eier: S. 90 | Gemüse: S. 78 | Kalbfleisch: S. 108 | Pfifferlinge: S. 82 | Wurzelgemüse: S. 126

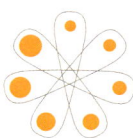

KALBFLEISCH

Kann man von der Fleischfarbe auf die Aufzucht schließen?

Beim Kauf von Kalbfleisch achtet der Konsument vor allem auf die Fleischfarbe, denn er bringt eine helle bis rosa Farbe automatisch mit einem jungen Tier in Verbindung. Tatsächlich lässt die Färbung von Kalbfleisch Rückschlüsse auf die Mast bzw. Aufzucht zu. Je heller das Fleisch, desto weniger Eisen enthielt das Futter. Das Fleisch von Tieren, die mit frischem, eisenreichem Grünfutter gefüttert wurden, ist dunkler. Es färbt sich – wegen der Myoglobinbildung im Blut – rot. Es ist also anders, als die Konsumenten im Allgemeinen denken. Bevorzugen Sie daher lieber dunkleres Kalbfleisch, denn das stammt meist von Tieren, die artgerecht aufgezogen wurden. Dieses Fleisch ist qualitativ hochwertiger. Helles Fleisch kommt hingegen von Tieren, die nicht mit Heu und Gras, sondern mit Silage gefüttert wurden.

Was ist ein Milchkalb?

Als Milchkalb werden Jungtiere bezeichnet, die noch nicht das Schlachtgewicht von 150 Kilogramm erreicht haben und ausschließlich mit Milch gefüttert werden. Wer aber meint, Milchkälber würden immer von ihren Müttern mit Milch versorgt, irrt. Meistens bekommen sie einen Milchersatz. Eine Ausnahme ist die Muttertierhaltung. Hier bleibt das Kalb nach der Geburt bei der Mutterkuh und kann an ihrem Euter trinken. Mit der Muttermilch nimmt es Immunstoffe auf, die es weniger anfällig für Krankheiten machen. Erst nach einiger Zeit wird die Muttermilch durch Gras und Heu ersetzt. Die muttergebundene Kälberaufzucht wird jedoch nur in vereinzelten Betrieben praktiziert.

GESUNDHEIT

Wie gesund ist Kalbfleisch und was hat die Farbe damit zu tun?

Kalbfleisch ist ein sehr mageres und feinfaseriges Fleisch, das wenig Bindegewebe und Fett enthält. Es reift nur ein paar Tage und kann besonders gut kurz gebraten oder geschmort werden. Da es neben Eiweiß viele Vitamine enthält, eignet es sich also sehr gut für eine gesundheitsbewusste Küche. Doch wer Kalbfleisch sorgenfrei genießen möchte, sollte einige Dinge beim Einkauf beachten. Das von vielen so geschätzte fast farblose Fleisch ist nicht unbedingt qualitativ hochwertig. Es stammt meist von Tieren, die aufgrund der Art ihrer Aufzucht – sie bekommen eisenarmes Futter und werden in dunklen Ställe gehalten – sehr anfällig für Krankheiten sind und häufig mit Antibiotika behandelt werden müssen. Dunkleres Fleisch kommt hauptsächlich aus ökologischer Produktion und ist frei von Antibiotikarückständen.

Wir können uns mit unserer Entscheidung beim Einkauf also nicht nur für das Tierwohl einsetzen, sondern auch für unsere Gesundheit.

Gekochtes Beinfleisch mit Gartengemüse

Für 4 Personen

ZUTATEN

1,2 kg Beinfleisch
  (Spann- bzw. Querrippe)
1 Zwiebel
3 Knoblauchzehen
1 Selleriestange
etwas Lauch (grüner Teil)

1 Karotte
3 Lorbeerblätter
10 Pfefferkörner
5 Wacholderbeeren
Salz

FÜR DAS GARTENGEMÜSE

200 g Karotten
200 g grüne Bohnen
500 g Blumenkohl
50 g Olivenöl
50 g Butter
Salz, Pfeffer aus der Mühle

ZUBEREITUNG | Beinfleisch in einen Topf mit kaltem Wasser geben. Zwiebel, Knoblauch, Sellerie, Lauch und Karotte putzen und in grobe Stücke schneiden. Zusammen mit Lorbeerblättern, Pfefferkörnern und Wacholderbeeren zum Fleisch geben. Salzen und zum Kochen bringen. Etwa 2–3 Stunden köcheln lassen, je nach Größe der Fleischstücke.
Karotten schälen und Bohnen putzen. Getrennt in Salzwasser bissfest garen. Bohnen in Eiswasser abschrecken, damit sie ihre grüne Farbe behalten. Die kleinen Röschen vom Blumenkohl mit einem Messer herausschneiden, den restlichen Blumenkohl in kleine Würfel schneiden. In Olivenöl farblos anschwitzen und weich dünsten. Karotten und Bohnen in Butter schwenken und mit Salz und Pfeffer würzen.

ANRICHTEN | Beinfleisch aus dem Topf nehmen, portionieren und Brühe durch ein Sieb passieren. Das Gemüse auf Teller verteilen, Beinfleisch daraufsetzen und Brühe angießen.

→ Butter: S. 58 | Gemüse: S. 78 | Rindfleisch: S. 112 | Wurzelgemüse: S. 126

RINDFLEISCH

HERKUNFT, REGIONALITÄT, SAISONALITÄT

Weshalb ist importiertes Rindfleisch oft billiger als einheimisches?

Die größten Rindfleischerzeugerländer sind die USA, Brasilien und China. Die amerikanischen Mastanlagen sind wie Industriebetriebe organisiert und produzieren Fleisch als Massenware. In diesen Betrieben, auch Feedlots genannt (engl. to feed = füttern, lot = Grundstück), werden riesige Herden auf eingezäunten Grundstücken das ganze Jahr über im Freien gemästet. Innerhalb kurzer Zeit erreichen sie dort ihr Schlachtgewicht. Aufgrund von staatlichen Subventionen, die die Produktion künstlich verbilligen und ein Überangebot schaffen, kann das Fleisch günstig exportiert werden. Außerdem müssen die Fleischproduzenten in diesen Ländern weniger Vorschriften befolgen, z. B. was die Qualität des Futters oder den Einsatz von Medikamenten betrifft, und können das Fleisch mit geringen Kosten produzieren.

NACHHALTIGE LANDWIRTSCHAFT

Ist die Mast in Fleischfabriken nachhaltig?

In den riesigen Mastbetrieben wird intensive Landwirtschaft betrieben. Um die auf diesen Farmen verbrauchten Futtermittel zu erzeugen, müssen immer mehr Flächen für die Futtermittelproduktion verwendet werden. Vor allem in Afrika, Asien und in Osteuropa werden die Kleinbauern von ihrem Land vertrieben, um die Nachfrage nach Acker-

fläche zu befriedigen. Um Veränderungen in der Tierproduktion zu erreichen, sollten wir unseren Fleischkonsum überdenken. Wenn wir weniger, aber hochwertiges Fleisch essen und nicht mehr nur die edlen Teile wie Filet verwenden, sondern alles – von der Schnauze bis zum Schwanz (nose to tail) –, würde das langfristig die Rindfleischproduktion beeinflussen.

RESSOURCENVERBRAUCH UND KLIMASCHUTZ

Ist die Rindfleischproduktion wirklich ein Klimakiller?

So pauschal lässt sich die Frage nicht beantworten. Bei Fleisch aus extensiver Weidehaltung, sieht die Klimabilanz gar nicht so schlecht aus, denn das Gras auf der Weide kann genauso viel Klimagas speichern, wie die Kuh produziert. Bei der intensiven Fleischproduktion ist das allerdings nicht der Fall. Neben der CO_2-Emission, die bei der Zucht und Haltung anfällt, spielt auch der Methanausstoß der Wiederkäuer eine große Rolle. Methan zählt zu den stärksten Treibhausgasen und die in der Rinderzucht verursachten Mengen liegen weit über denen von Industrie oder Verkehr.

Wie viel Wasser wird für die Produktion von einem Kilogramm Rindfleisch verbraucht?

Der Genuss von einem Kilogramm Rindfleisch – das wären ungefähr fünf Steaks – verbraucht 75 Badewannen voll Wasser (etwa 15.000 Liter) und jede Menge Fläche. Diese Menge wird von Fachleuten „virtuelles Wasser" genannt und umfasst nicht nur das Wasser, das die Rinder trinken, sondern auch jenes, das für den Anbau von Futtermitteln aufgewendet werden muss. Im Vergleich dazu verbraucht die Herstellung von einem Kilo Hühnerfleisch nur etwa 5.000 Liter Wasser und für ein Kilo Kartoffeln reichen sogar 100 Liter.

Durch Reduktion des Fleischkonsums zum Umweltschutz?

Durch die Senkung des Fleischkonsums, der derzeit in den industrialisierten Ländern bei 200 bis 250 Gramm pro Person und Tag liegt, können wir alle aktiv etwas gegen die Umweltprobleme unternehmen. Schon durch die Reduzierung auf ein Drittel der jetzigen Menge könnten wir beispielsweise den weiteren Anstieg der Treibhausgasemissionen aus der Tierhaltung verhindern.

Weniger Fleisch zu essen und das dabei gesparte Geld in hochqualitatives, extensiv erzeugtes Bio-Fleisch zu investieren, ist nicht nur gut für unserer Gesundheit, sondern auch für die Umwelt.

WAS PASSIERT MIT DEN MILCHKÜHEN, WENN SIE KEINE MILCH MEHR GEBEN?

Nach etwa fünf Jahren ist eine Milchkuh „unrentabel", das heißt, sie gibt nicht mehr genügend Milch und landet im Schlachthaus. Das Fleisch wird überwiegend zu Hamburgern oder Hundefutter verarbeitet. Eigentlich schade, denn es ist, entgegen landläufiger Meinung, nicht zäh, sondern sehr aromatisch. Bislang wird es eher in romanischen Ländern (z. B. in Spanien) geschätzt.

Geschmorter Ochsenschwanz mit Zwiebelpolenta

Für 4 Personen

ZUTATEN
2 Ochsenschwänze (ca. 2 kg)
Salz, Pfeffer aus der Mühle
Mehl
100 g Sonnenblumenöl
1 Karotte
1 mittelgroße Zwiebel
½ Sellerieknolle
10 Knoblauchzehen
5 Lorbeerblätter

1 Rosmarinzweig
2 Thymianzweige
10 Wacholderbeeren
10 Pfefferkörner
80 g Tomatenmark
2 l Rotwein

FÜR DIE ZWIEBELPOLENTA
100 g Zwiebeln, fein gehackt
1 EL Olivenöl

130 g mittelfeines
  Polentamehl
500 g Gemüsefond
  (siehe S. 35)
Salz
50 g kalte Butter

ZUM ANRICHTEN
Schnittlauch,
  fein geschnitten

ZUBEREITUNG | Ochsenschwanz in Stücke schneiden, salzen, pfeffern und mehlieren. In Öl auf beiden Seiten anbraten. Karotte, Zwiebel und Sellerie schälen, grob zerkleinern und in einer Kasserolle mit Olivenöl anschwitzen. Knoblauch, Lorbeerblätter, Rosmarin, Thymian, Wacholderbeeren, Pfefferkörner und Tomatenmark zufügen, alles leicht anrösten. Ochsenschwanz dazugeben und mit Rotwein aufgießen. Salzen und pfeffern. Zugedeckt im vorgeheizten Backofen bei 180 Grad etwa 3 Stunden schmoren. Ochsenschwanz aus der Sauce nehmen und vom Knochen befreien, warm stellen. Die Sauce durch ein feines Sieb passieren und auf die gewünschte Konsistenz einkochen.
Für die Polenta Zwiebelwürfel in Olivenöl farblos anschwitzen, Polentamehl zugeben und mit Gemüsefond aufgießen. Salzen und unter ständigem Rühren etwa 10 Minuten kochen lassen. Mit kalter Butter binden.

ANRICHTEN | Ochsenschwanz mit der Sauce auf Teller geben und Zwiebelpolenta darauf anrichten. Mit Schnittlauch garnieren.

TIPP | Machen Sie aus den Gemüseresten eine Gemüsepolenta: 100 g fein geschnittene Gemüsewürfel in 2 EL Olivenöl andünsten, 130 g mittelfeines Polentamehl einrühren und mit 500 g Gemüsefond aufgießen. Salzen, pfeffern und unter ständigem Rühren 10 Minuten kochen lassen. Mit 50 g kalter Butter binden.

➡ Butter: S. 58 | Gemüse: S. 78 | Rindfleisch: S. 112 | Wein: S. 40 | Wurzelgemüse: S. 126

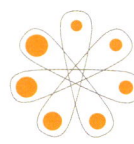

POLENTA/MAIS

WUSSTEN SIE, DASS …
… Polenta eigentlich nur die Be-zeichnung für das fertige Gericht ist? Hergestellt wird es aus Mais-grieß, dem sogenannten Polenta-mehl, das es in verschiedenen Vermahlungsgraden – von fein bis grob – gibt.

GESUNDHEIT

Enthält Polenta Gluten?
Polenta ist gekochter Maisgrieß und enthält kein Klebereiweiß. Deshalb können auch Menschen, die unter einer Glutenunverträg-lichkeit leiden, problemlos Po-lenta essen. Polenta ist reich an Betacarotin, Zink und Magne-sium. Damit Ihr Körper das darin enthaltene Eiweiß optimal nut-zen kann, essen Sie dazu am besten Bohnen. Die helfen bei der Eiweißaufnahme. Wenn Sie bereits vorgekochte Polenta

verwenden, sollten Sie unbedingt auf den Hinweis „glutenfrei" achten, denn oft enthalten die Mischungen verschiedene Mehl-sorten.

VIELFALT UND DIVERSITÄT

Ist Polenta immer gelb?
Am bekanntesten ist sicherlich die gelbe Polenta aus Maisgrieß. Doch es gibt daneben noch ei-nige andersfarbige Sorten, zum Beispiel weiße Polenta aus hellen Maiskörnern, Vollkornpolenta, Polenta aus Buchweizen und Polenta Taragna, die aus einer Mischung aus Buchweizen und Maismehl besteht.

EXKURS

NAHRUNGSMITTEL ALS TIERFUTTER
Weltweit wächst der Fleischkonsum und mit ihm die Menge der als Tierfutter verwendeten Nahrungs-mittel. Vor allem in China und Indien steigt die Nachfrage nach Fleisch kontinuierlich. Sie wird sich bis zum Jahr 2030 dort mehr als verdoppeln. Allein für die Produk-tion von einem Kilogramm Fleisch werden zwischen sieben und zehn

ÖKOEFFEKTIVITÄT UND KREISLAUFWIRTSCHAFT

Sind Biogasanlagen, die Energie aus Mais erzeugen, nachhaltig?
Mais ist nicht nur ein Nahrungs- oder Futtermittel, sondern es wird in Biogasanlagen auch im-mer häufiger zur Energiegewin-nung eingesetzt.
Ursprünglich wurden in Biogas-anlagen biologische Abfällen wie Gülle oder Pflanzenreste in Methan umgewandelt. Heutzu-tage werden die kompletten Pflanzen – meistens Mais – zur Energieerzeugung verwendet. Im Vergleich zu anderen

Kilogramm Getreide und/oder Soja gebraucht. Jährlich verfüttern die Bauern so etwa eine Milliarde Tonnen Getreide, Hopfen, Hafer, Mais und Roggen in der Tierzucht. Eine Menge, die ausreichen würde, um etwa 3,5 Milliarden Menschen zu ernähren. Während also ein Drittel der weltweiten Getreidepro-duktion als Tierfutter genutzt wird, hungern etwa 840 Millionen Men-schen auf der Welt.

EXKURS

GENTECHNIK

Auf der Suche nach dem „perfekten" Lebensmittel setzt die Forschung große Hoffnungen in die Gentechnik. Mit ihrer Hilfe will man das Erbgut von Pflanzen oder anderer Organismen optimieren. Inzwischen wurde fast jede Nutzpflanze im Labor genetisch verändert, in erster Line Soja und Mais, die in großem Stil als Futtermittel angebaut werden. Weltweit wachsen mittlerweile auf ungefähr 110 Millionen Hektar genveränderte Lebensmittel. Die Gentechnik macht es möglich, dass Nutzpflanzen beispielsweise gegen Schädlinge resistent werden, indem sie eigene Fraßgifte bilden. Pflanzen können so verändert werden, dass sie selbst unter ungünstigen klimatischen Bedingungen, z. B. Trockenheit, wachsen oder dass sie besonders hohe Ernteerträge erzielen.

Auf den ersten Blick scheinen Gentech-Lebensmittel keine dramatischen Gefahren für die Gesundheit zu bergen, denn bei ihrem Anbau werden weniger Pflanzenschutzmittel eingesetzt. Aber dennoch: Es gibt zu wenig wissenschaftliche Kenntnisse über die Gentechnik, vor allem keine Langzeitstudien über die Auswirkungen. Daher ist unklar, ob der Verzehr von Gen-Pflanzen für den Menschen wirklich gesundheitlich unbedenklich ist. Auch die Folgen für die Umwelt bleiben unabsehbar.

Energiepflanzen erzielt Mais die höchste Biogasausbeute und das bei gleichzeitig niedrigen Anbau- bzw. Beschaffungskosten. Aus diesem Grund hat der Maisanbau in den letzten Jahren stark zugenommen – mit negativen Auswirkungen auf unsere Umwelt: Maismonokulturen fördern die Bodenerosion und haben eine humuszehrende Wirkung. Wegen seines hohen Bedarfs an Düngemitteln wirkt sich der Maisanbau zudem negativ auf die Grundwasserqualität aus.

Auf unserem Globus werden 45 Millionen Hektar, das sind 3 % der weltweit genutzten Ackerfläche, für die Produktion von Kraftstoffgetreide verwendet. In Europa hat der Anbau von Energiepflanzen den Anbau von Nahrungs- und Futtermitteln abgelöst. In Deutschland werden bereits auf 17 % der Ackerflächen Pflanzen zur Energiegewinnung angebaut, die dadurch fehlenden Futtermittel müssen aus anderen Teilen der Welt importiert werden, zum Beispiel aus Südamerika. Dieses Vorgehen trägt wiederum zu einer weltweiten Verknappung der Lebensmittel bei. Denn der Bedarf an landwirtschaftlicher Anbaufläche lässt die Bodenpreise steigen und hat somit direkte Auswirkungen auf die lokale Landwirtschaft. Die traditionelle Landwirtschaft, egal ob konventionell oder ökologisch, wird durch den Anbau von Energiepflanzen verdrängt.

Hirschkeule in Rotweinsauce mit Kichererbsenpüree und Pfifferlingen

Für 4 Personen

ZUTATEN

*800 g Hirschkeule, ohne
   Knochen und pariert
Salz, Pfeffer aus der Mühle
Olivenöl
5 Wacholderbeeren
3 Lorbeerblätter*

FÜR DIE ROTWEINSAUCE

*500 g Wildfond
1 l Rotwein
3 EL Zucker*

FÜR DAS KICHERERBSENPÜREE

*500 g Kichererbsen,
   12 Stunden eingeweicht
150 g Sahne
50 g Mascarpone
Salz, Pfeffer aus der Mühle*

FÜR DIE PFIFFERLINGE

*200 g Pfifferlinge
1 Schalotte, fein geschnitten
1 Knoblauchzehe,
   fein gehackt
Salz
Petersilie, fein geschnitten
Olivenöl*

ZUBEREITUNG | Hirschkeule mit Salz und Pfeffer würzen, mit Wacholderbeeren und Lorbeer in Olivenöl 10 Minuten braten. Im vorgeheizten Backofen bei 80 Grad ungefähr 20 Minuten ruhen lassen.

Wildfond auf die Hälfte reduzieren. Rotwein mit Zucker so lange kochen lassen, bis nur noch 250 ml vorhanden sind. Zwei Drittel reduzierten Wildfond mit einem Drittel Rotweinreduktion verrühren.

Für das Püree Kichererbsen etwa 1½–2 Stunden in Salzwasser kochen. Wasser abgießen und Sahne, Mascarpone, Salz und Pfeffer zugeben. Kurz aufkochen lassen und im Mixer fein pürieren.

Pfifferlinge putzen und eventuell klein schneiden. Schalotten- und Knoblauch-würfel in Olivenöl farblos anschwitzen und Pfifferlinge dazugeben. Salzen und ungefähr 10 Minuten dünsten. Mit Petersilie abschmecken.

ANRICHTEN | Hirschkeule portionieren, auf Tellern anrichten und mit Sauce beträufeln. Kichererbsenpüree und Pfifferlingen daneben platzieren.

Pfifferlinge: S. 82 | Wein: S. 40 | Wild: S. 120

WILD

Wenn Sie außerhalb der Jagdsaison Wildfleisch kaufen wollen, sollten Sie auf Tiefkühlware zurückgreifen. Denn das frisch angebotenen Farmwild ist oftmals importiert. Es kommt aus Neuseeland, Polen oder Südafrika. Dort wird vielfach intensive Tierhaltung betrieben und die Tiere werden in den Exportländern nicht immer auf der Weide gehalten. Dann ist die Bezeichnung Wildfleisch irreführend. Häufig füttern die Farmer zusätzlich Kraftfutter oder geben im Krankheitsfall Medikamente.

GESUNDHEIT

Ist Wild gesund?

Ja, denn Wildfleisch ist reich an Eiweiß von hoher biologischer Wertigkeit. Da Wildtiere sich frei in ihrem Lebensraum bewegen können, hat ihr Fleisch – im Vergleich zu Rind oder Schwein – einen höheren Muskelanteil und weniger Fett. Wildfleisch ist leicht verdaulich und man nimmt beim Verzehr keine Medikamentenrückstände zu sich.

HERKUNFT, REGIONALITÄT, SAISONALITÄT

Wann hat frisches Wildfleisch Saison?

Wildbret ist ein gutes Beispiel dafür, dass auch andere Lebensmittel – nicht allein Obst und Gemüse – nur zu bestimmten Zeiten erhältlich sind. Die Saison für Wildfleisch ist vor allem im Herbst und im Winter, dann ist Hauptjagdzeit. Aber Wildfleisch stammt nicht nur aus der Jagd.

Es kann auch in landwirtschaftlicher Gehegehaltung erzeugt werden. Sogenanntes Farmwild ist das ganze Jahr über verfügbar.

Woher stammt das Wild, das im Handel angeboten wird?

Im Handel wird nicht nur Jagdwild angeboten, sondern auch Fleisch von Tieren aus landwirtschaftlicher Gehegehaltung. Dieses Fleisch hat in der Regel allerdings weniger Wildaroma.

NACHHALTIGE LANDWIRTSCHAFT

Was versteht man unter Gehegehaltung?

Darunter versteht man die extensive Haltung von Wildtieren (Damhirsch, Rothirsch, Wildschwein, Fasan u. a.) in Gehegen. Diese Form der Gewinnung von Wildbret hat eine lange Tradition. Schon in der Antike wurden Wildtiere in Gehegen gehalten, um jederzeit Fleisch für den Verzehr, aber auch für religiöse Opfer zu haben. Im Mittelalter bzw. in der frühen Neuzeit war die Haltung von Hirschen und Rehen auf adeligen Anwesen prestigeträchtig und daher weit verbreitet. Heute gibt es in allen europäischen Ländern genaue Vorschriften für die landwirtschaftliche Gehegehaltung. So muss das Gehege eine Mindestgröße haben und es darf den Lebensraum anderer Tierarten außerhalb des Geheges bzw. die Jagdausübung nicht wesentlich einschränken. Außerdem darf aus den Gattern kein Wild entweichen können, das Landschaftsbild und der Naturhaushalt dürfen nicht beeinträchtigt werden und der Gehegestandort muss so ausgewählt werden, dass der Grünwuchs im Gehege im Sommer den Nahrungsbedarf der Tiere deckt. Im Winter werden die Tiere gefüttert.

VIELFALT UND DIVERSITÄT

Wie verwende ich Wildfleisch?

Wildbret kann in der Küche sehr vielseitig verwendet werden. Der Rücken wird meist im Ganzen rosa gebraten oder als Steaks und Medaillons zubereitet. Die Keule (österr. Schlögel, dt. Schlegel) wird oft im Ganzen gebraten oder geschmort, aber man kann daraus auch Steaks oder Schnitzel schneiden, die zum Kurzbraten geeignet sind. Fleisch aus der Schulter wird nicht nur für Braten und Schmorgerichte verwendet, sondern – ebenso wie der Hals – für die Zubereitung von Ragout. Die Rippen bzw. Bauchlappen eignen sich hervorragend für die Herstellung von Wildfond bzw. Farcen (zum Beispiel für Teigwaren wie Ravioli).

WORAN ERKENNE ICH FRISCHES WILDFLEISCH?

Frisches Fleisch vom Wild sollte rötlich bis dunkelbraun sein. Bei jüngeren Tieren ist die Fleischfarbe heller als bei älteren. Der Geruch ist ebenfalls ein Frischemerkmal. Wildfleisch sollte leicht nussig riechen, auf keinen Fall nach Schwefel oder Ammoniak. Frisches Wild sollte man nicht länger als zwei bis drei Tage im Kühlschrank (bei 2 bis 5 Grad) lagern, vakuumiert hält es sich bei 2 Grad etwa zwei Wochen. Vakuumiertes Fleisch sollte man einige Stunden vor der Zubereitung aus der Verpackung nehmen. Tiefgekühlt hält sich Wild sechs bis zwölf Monate.

Kalbshaxe mit Tempura-Radicchio und Sellerie

Für 4 Personen

FÜR DIE KALBSHAXE
*1 hintere Kalbshaxe
(etwa 800 g), ohne Kno-
chen
Salz, Pfeffer aus der Mühle
Olivenöl
3 Knoblauchzehen
1 Rosmarinzweig
3 Thymianzweige
1 l Gemüsefond (siehe S. 35)*

FÜR DAS SELLERIEPÜREE
*500 g Sellerieknolle
500 g Milch
500 g Wasser
3 EL Mascarpone
Salz, Pfeffer aus der Mühle*

**FÜR DEN TEMPURA-
RADICCHIO**
100 g Mehl

*100 g Kartoffelmehl
1 Eiweiß
150 g eiskaltes Wasser
Salz
2 Radicchio*

ZUM ANRICHTEN
*24 kleine Artischocken,
gekocht
Olivenöl extra vergine*

ZUBEREITUNG | Kalbshaxe salzen, pfeffern und in Olivenöl gut anbraten. Knoblauch, Rosmarin und Thymian zugeben und im vorgeheizten Backofen bei 130–160 Grad ungefähr 2½–3 Stunden garen. Immer wieder mit Gemüsefond begießen. Kalbshaxe herausnehmen und warm stellen. Sauce durch ein feines Sieb passieren und auf die gewünschte Konsistenz einkochen.
Sellerie schälen und in Würfel schneiden. In Milch und Wasser weich kochen. Abseihen, Mascarpone zugeben und etwa 5 Minuten kochen lassen. Im Mixer pürieren und mit Salz und Pfeffer würzen.
Für den Tempurateig alle Zutaten gut verrühren und auf Eiswürfel stellen. Radicchio in Spalten schneiden, durch den Teig ziehen, überschüssigen Teig abtropfen lassen und im 180 Grad heißen Fett 3 Minuten ausbacken. Herausnehmen und auf Küchenpapier entfetten lassen.

ANRICHTEN | Kalbshaxe in Scheiben schneiden und auf Tellern anrichten. Radicchio-Tempura daneben platzieren und mit Selleriepüree und Artischocken garnieren. Kalbshaxe mit Sauce und Olivenöl beträufeln.

Eier: S. 90 | Kalbfleisch: S. 108 | Milch: S. 166 | Salat: S. 62 | Wurzelgemüse: S. 126

Gebratenes Kalbsbries mit Topinamburpüree

Für 4 Personen

ZUTATEN
600 g Kalbsbries
50 g Butter
50 g Olivenöl
1 kg Topinambur
150 g Sahne
Salz, Pfeffer aus der Mühle

ZUM ANRICHTEN
4 kleine rote Zwiebeln,
  geschmort
Chicorée
Salat
Rotweinreduktion
  (siehe S. 99)

ZUBEREITUNG | Kalbsbries ungefähr 1 Stunde wässern, in Salzwasser kochen, von Häuten und Knorpeln befreien und in Röschen teilen. Butter und Olivenöl in einer Pfanne erhitzen und das Bries darin bei milder Hitze etwa 5 Minuten auf allen Seiten anbraten. Mit Salz würzen und warm stellen.
Topinambur schälen, in dünne Scheiben schneiden und in Salzwasser weich kochen. Abgießen und Topinamburscheiben auf ein Backblech legen. Im vorgeheizten Backofen bei 150 Grad gut trocknen lassen. Zusammen mit Sahne in den Mixer geben und fein pürieren. Mit Salz und Pfeffer würzen.

ANRICHTEN | Das Topinamburpüree auf Teller geben, Kalbsbriesröschen dazulegen und mit Zwiebeln, Chicorée und Salatblättern garnieren. Mit Rotweinreduktion beträufeln.

→ Butter: S. 58 | Innereien: S. 130 | Salat: S. 62 | Topinambur: S. 127 | Wein: S. 40 | Wurzelgemüse: S. 126

WURZELGEMÜSE

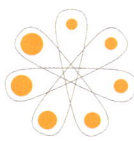

ÖKOEFFEKTIVITÄT UND KREISLAUFWIRTSCHAFT

Kann man beim Wurzelgemüse auch die Blätter verwenden?

Bis auf welke Blätter muss man vom Wurzelgemüse nichts wegwerfen. Aus ökologischer Sicht ist der Verzehr der ganzen Pflanze ein Beitrag zur Vermeidung von Lebensmittelverschwendung und zusätzlichem Müll. Außerdem enthalten die Blätter teilweise sogar mehr Vitamine, Ballast- und Mineralstoffe als die Knolle – Kohlrabiblätter enthalten mehr Vitamin C als die Knolle.
Aus den Blättern von Radieschen, Roter Bete, Kohlrabi oder Sellerie können Sie vielfältige Gerichte zubereiten. Und selbst das Grün von Karotten oder

Pastinaken muss nicht in den Abfall. Machen Sie daraus einfach einen grünen Smoothie oder streuen das klein gehackte Kraut über das Gericht.

WUSSTEN SIE, DASS …
… Wurzelgemüse mehr ist als Knollensellerie und Karotten?

Zum Wurzelgemüse zählen auch Radieschen, Ingwer, Steckrüben, Kohlrabi, Pastinaken, Schwarzwurzeln, Petersilienwurzeln, Meerrettich, Zwiebeln, Rettich und Topinambur. Leider sind diese Gemüsesorten in vielen Küchen in Vergessenheit geraten. Dabei sind sie das Wintergemüse und regional verfügbar. Aus Wurzelgemüse kann man vielfältige Gerichte zaubern: Suppen, Eintöpfe, Salate.

WUSSTEN SIE, DASS …
… Pastinaken früher als Grundnahrungsmittel galten?

Pastinaken haben einen süßlichen, milden, nussigen und leicht erdigen Geschmack. Sie können sowohl für süße als auch für herzhafte Gerichte verwendet werden. Das sehr bekömmliche Wintergemüse erobert sich langsam wieder einen Platz in unseren Küchen. Es kann auch sehr gut für die Zubereitung von Babynahrung verwendet werden. Pastinaken haben ab September Saison. Sie gehören zu den wenigen Gemüsesorten, die durch Frost milder und süßer werden und ihr Aroma erst durch Frosteinwirkung richtig entfalten.

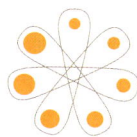

TOPINAMBUR

HERKUNFT, REGIONALITÄT, SAISONALITÄT

Woher stammt Topinambur?
Die Pflanze kommt ursprünglich aus Nordamerika, wird heute aber auf fast allen Kontinenten kultiviert. Hauptanbaugebiete sind Nordamerika, Russland, Australien und Asien. In Europa hat die Kartoffel im 18. Jahrhundert die süßlich schmeckende Knolle als Grundnahrungsmittel

verdrängt. Sie wird aber noch in Südfrankreich, den Niederlanden sowie in einigen Regionen Deutschlands angebaut. Topinambur findet man zwischen Oktober und Mai im Handel.

GESUNDHEIT

Weshalb nennt man Topinambur auch Diabetiker-Kartoffel?
Topinamburknollen weisen einen hohen Anteil der Fruchtzuckerverbindung Inulin auf – nicht zu verwechseln mit Insulin –, das im Gegensatz zu den Kohlenhydraten der Kartoffel stabilisierend auf den Blutzuckerspiegel wirkt. Diabetiker greifen deshalb so gerne auf Topinambur zurück. Doch auch Nicht-Diabetiker sollten das Gemüse verzehren, denn bei ihnen hat das Inulin ebenfalls einen positiven Effekt:

Es zügelt den Appetit, begünstigt den Aufbau einer gesunden Darmflora, sorgt für eine gute Verdauung und stärkt die Abwehrkräfte. Topinamburknollen bestehen zu 80 Prozent aus Wasser, enthalten aber auch Kalzium, Eisen, Phosphor, Kalium, Silizium, Natrium, Provitamin A, Vitamine (B1, B2, B6, C und D) sowie viele unverdauliche Ballaststoffe, die schnell und anhaltend satt machen.

ÖKOEFFEKTIVITÄT UND KREISLAUFWIRTSCHAFT

Wie lagert man Topinambur am besten?
Die Knollen lassen sich nur kurze Zeit lagern, und zwar am besten im Keller. Da sie nur von einer dünnen Haut umschlossen sind, geben sie viel Feuchtigkeit ab und werden schnell schrumpelig bzw. fangen an zu faulen. Im Gemüsefach des Kühlschranks hält sich Topinambur am besten, wenn man sie in Frischhaltefolie wickelt. Wenn man schrumpelige Knollen für einige Zeit in kaltes Wasser legt, kann man ihnen etwas von ihrer vorherigen Frische verleihen.

WUSSTEN SIE, DASS ...
... der Name Topinambur auf einem Missverständnis beruht?
Im 17. Jahrhundert brachte ein französischer Forscher einige brasilianische Ureinwohner vom Stamm der Tupinambá nach Paris. Aus unerfindlichen Gründen benannte man die Knollen-Sonnenblume nach ihnen. In anderen Regionen wird das Gemüse auch als Jerusalemartischocke, Erd-Sonnenblume, Ewigkeitskartoffel, Erdartischocke oder Zuckerkartoffel bezeichnet. Der ursprüngliche italienische Name ist girasole articiocco (Sonnenblumenartischocke).

Kalbsleber mit Kräuterkruste auf Bergartischocken und Spinat

Für 4 Personen

ZUTATEN

50 g weiche Butter
100 g Toastbrot ohne Rinde,
  fein gerieben
50 g Kräuter (z. B. Petersilie,
  Thymian, Schnittknob-
  lauch), fein gehackt
Salz, Pfeffer aus der Mühle
600 g Kalbsleber
Olivenöl

FÜR DIE ARTISCHOCKEN

4 mittelgroße
  Bergartischocken
Thymian
Petersilie
Knoblauchöl

ZUM ANRICHTEN

100 g Babyspinat
200 g Kalbsfond, reduziert

ZUBEREITUNG | Butter schaumig rühren. Toastbrot und Kräuter dazugeben und mit Salz und Pfeffer würzen. Masse gleichmäßig und glatt auf Klarsichtfolie streichen. Bis zur weiteren Verarbeitung kalt stellen.

Kalbsleber in 4 gleich dicke Scheiben schneiden. In Olivenöl auf beiden Seiten gut anbraten und bei 80 Grad etwa 20 Minuten im Backofen ruhen lassen.

Die Kräuterkruste in dünne Scheiben schneiden, auf die Kalbsleber legen und bei starker Oberhitze im Backofen gratinieren.

Von den Bergartischocken das obere Drittel abschneiden, die äußeren Blätter entfernen, das Heu herauskratzen und vierteln. Mit etwas Olivenöl, Thymian, Petersilie und Knoblauchöl etwa 5–6 Minuten dünsten.

ANRICHTEN | Artischocken in der Tellermitte anrichten. Kalbsleber halbieren und darauflegen. Mit Babyspinat garnieren und mit reduziertem Kalbsfond beträufeln.

→ Butter: S. 58 | Innereien: S. 130 | Spinat: S. 71

INNEREIEN

GESUNDHEIT

Sind Innereien gesund?

Innereien sind sogar sehr gesund. Sie sind reich an Vitaminen (Vitamin A, B und C) und Mineralien (Zink, Eisen, Folsäure) und enthalten viel hochwertiges Eiweiß.

Allerdings können in einigen Innereien auch ungesunde Rückstände von Medikamenten oder anderen Giftstoffen vorkommen. Zum Beispiel in Leber und Nieren, da diese als Filter im Körper fungieren und sich schädliche Stoffe dort anreichern können. Hier gilt die Regel: Je älter das Schlachttier, desto höher der Schadstoffgehalt der Innereien. Da die Tiere heute – im Gegensatz zu früher – nicht erst dann geschlachtet werden, wenn sie alt sind, sondern wenn sie ihr Schlachtgewicht erreicht haben, kann man sagen, dass ihre Organe kaum belastet sind und von gesunden Menschen bedenkenlos verzehrt werden können. Schweine werden meist kaum älter als sechs Monate, Rinder auch nur zwei Jahre. Wenn Sie Zweifel haben, fragen Sie am besten Ihren Metzger, woher die Tiere stammen und wie alt sie waren.

Menschen, die unter Rheuma oder Gicht leiden, sollten ebenso wie Schwangere auf Innereien verzichten. Leber enthält nämlich viel Vitamin A, das im ersten Schwangerschaftsdrittel das Ungeborene schädigen kann. Auch Menschen mit einem hohen Cholesterinspiegel sollten Innereien, insbesondere Hirn, nicht auf ihren Speisezettel setzen.

ÖKOEFFEKTIVITÄT UND KREISLAUFWIRTSCHAFT

Was haben Innereien mit ganzheitlicher Küche zu tun?

Der Verzehr von Innereien ist ein gutes Beispiel dafür, was ganzheitlich Küche bedeutet, nämlich: Nichts vom Tier wird weggeworfen, alles wird gegessen. Allerdings ist die Zubereitung von Innereien anspruchsvoll. Sie müssen von sehr guter Qualität sein und vor dem Verzehr sorgfältig gereinigt werden.

Hier eine Liste der beliebtesten Innereien:

→ Herz besteht aus Muskelfleisch und besitzt wenig Fett. Es schmeckt ähnlich wie Filet.

→ Leber enthält Eisen und Folsäure, die für die Zellteilung und den Sauerstofftransport in unserem Körper wichtig sind. Vitamin A, das ebenfalls in großer Menge in Leber enthalten ist, braucht unser Körper für die Bildung von Haut und Knorpelgewebe.

→ Nieren enthalten das für den Stoffwechsel wichtige Vitamin B3. Außerdem viel Kalium, das für Nerven und Muskeln essenziell ist.

→ Hirn oder Bries besitzt unglaublich viel von den Omega-3-Fettsäuren EPA und DHA.

→ Darm enthält viel Gelatine und Glutamin, die zur Stabilisierung und Verbesserung unserer eigenen Darmfunktion beitragen.

→ Zunge ist eigentlich gar kein

Organ, sondern ein Muskel, der zum größten Teil aus Fett besteht und unglaublich zart schmeckt.

→ Kutteln nennt man den Magen vom Schwein, aber auch von Schafen, Ziegen, Rindern und Rotwild. Sie sind eine gute Quelle für Mikronährstoffe, Gelatine und Probiotika, die helfen, das Verdauungssystem zu verbessern. Vor der Zubereitung müssen sie aber gut gewässert werden und anschließend etwa drei Stunden kochen.

Innereien sollte man nicht lange aufbewahren. Bereiten Sie Innereien am besten immer am Tag des Einkaufs zu. Die Feuchtigkeit des Fleisches und sein hoher pH-Wert machen sie schnell verderblich.

NOSE TO TAIL – VON DER SCHNAUZE BIS ZUM SCHWANZ

Immer öfter hört man heute den Begriff „nose to tail". Dahinter verbirgt sich eine Bewegung, die, wenn man das Tier schon tötet, möglichst viel von ihm als Lebensmittel verwerten will.

Die meisten Menschen wollen nur die edlen Teile essen, aber die machen nur etwa 50 Prozent des Lebendgewichts aus. Denn die restlichen 50 Prozent sind Innereien. Herz, Leber, Nieren und Co. sind wie Filet Muskelfleisch, sie können unser Geschmacksspektrum erheblich erweitern. Allerdings verlangt ihre Verarbeitung von Metzgern und Köchen viel mehr Wissen und Können als das Braten eines Steaks.

Geeiste Apfelsuppe mit Topfenmousse

Für 4 Personen

FÜR DIE APFELSUPPE
3 säuerliche Äpfel
  (z. B. Boskop, Rosmarin-
  apfel, Granny Smith)
500 g Eiswürfel
150 g Läuterzucker
  (siehe Tipp)
1 Zitrone, Saft

FÜR DIE TOPFENMOUSSE
(ETWA 10 PORTIONEN)
250 g Topfen
1½ Zitronen, Saft
1½ Vanillestangen, Mark
150 g Staubzucker
4 Eiweiß (150 g)
500 g Sahne

ZUM ANRICHTEN
Minzeblätter, in feine
  Streifen geschnitten
1 Apfel, in feine
  Streifen geschnitten

ZUBEREITUNG | Äpfel vom Kernhaus befreien. Einen Apfel mit Schale klein schneiden, die restlichen Äpfel schälen und ebenfalls klein scheiden. Mit Eiswürfeln, Läuterzucker und Zitronensaft im Mixer fein pürieren. Bis zum Servieren kalt stellen.

Topfen durch ein Haarsieb streichen. Mit Zitronensaft, Vanillemark und 75 g Staubzucker verrühren. Das Eiweiß mit dem restlichen Staubzucker steif schlagen. Sahne steif schlagen und unter die Topfenmasse rühren. Eischnee vorsichtig unterheben. Topfenmousse in ein mit einem Küchentuch ausgelegtes Sieb geben und etwas abtropfen lassen.

ANRICHTEN | Die geeiste Apfelsuppe auf Teller verteilen. Aus der Topfenmousse Nocken formen und auf der Suppe anrichten. Mit Minze- und Apfelstreifen garnieren.

TIPPS | Für 100 g Läuterzucker werden 100 g Wasser und 100 g Zucker aufgekocht. Abkühlen lassen.
Nehmen Sie für die Topfenmousse unbedingt Topfen und keinen Quark.

→ Äpfel: S. 134 | Eier: S. 90 | Topfen: S. 70 | Zitrusfrüchte: S. 138

ÄPFEL

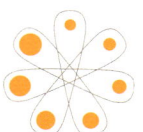

VIELFALT UND DIVERSITÄT

Wie viele Apfelsorten gibt es?
Apfel ist nicht gleich Apfel, auch wenn wir das mit Blick in die Supermarktregale fast glauben könnten. Die ewig gleichen Sorten, die wir dort finden, seien es nun Pink Lady, Red Delicious, Gala, Braeburn und Fuji, unterscheiden sich kaum im Aussehen. Alle sind gleich groß und haben ein rotes Bäckchen. Dabei gibt es weltweit mehr als 20.000 Apfelsorten. Eine unglaubliche Vielfalt, von der aber nur etwa 30 vermarktet werden. Viele alte Sorten sind in Vergessenheit geraten. Manchmal findet man auf Streuobstwiesen oder in Hausgärten riesige, knorrige Apfelbäume, deren Äpfel nicht alle gleich schön aussehen – sie sind mal klein, mal groß und nicht immer makellos. Es sind Sorten wie beispielsweise Boskop, Kalterer, Renette, Champagner, Gloster, Berlepsch oder Gravensteiner. Sie unterscheiden sich im Geschmack, im Aussehen und im Fruchtfleisch, aber auch in ihrer Haltbarkeit bzw. Reifezeit und in ihrer Eignung für verschiedene Verwendungszwecke. Heute gibt es verschiedene Initiativen, um unterschiedliche und vor allem alte Apfelsorten zu bewahren und ihre Eigenschaften wiederzuentdecken. Da es früher noch keine Pestizide gab, konnten sich nur jene Arten durchsetzen, die gegen Krankheiten und Schädlinge widerstandsfähig waren. Daher sind alte Pflanzensorten in der Regel resistenter als die Neuzüchtungen, die stärker gespritzt werden müssen. Die Bewahrung alter Pflanzensorten sichert genetische Ressourcen und erhält deren Fähigkeit, sich verändernden Umweltbedingungen anzupassen.

ÖKOEFFEKTIVITÄT UND KREISLAUFWIRTSCHAFT

Wie lagert man Äpfel richtig?
Alte Apfelsorten haben – neben dem Vorteil, dass sie nicht mit Pestiziden gespritzt werden müssen – teilweise eine natürliche Lagerfähigkeit von bis zu acht Monaten. Für ihre Aufbewahrung

braucht es keine riesigen Lagerhäuser, in denen die Äpfel unter kontrollierter Schutzatmosphäre auf den Verkauf warten, sondern nur einen kühlen, dunklen Keller oder Lagerraum. Fragen Sie deshalb auf dem Markt oder bei lokalen Produzenten gezielt nach alten Apfelsorten. Sie können davon ruhig ein paar Kilo mehr kaufen und sie nebeneinander, mit dem Stiel nach unten und dem Blütenansatz nach oben, im Kellerregal lagern. Da die Äpfel nach der Ernte das Reifegas Ethylen verströmen, sollten Sie anderes Obst und Gemüse (z. B. Birnen, Kartoffeln, Karotten, Rote Bete) nicht in der Nähe aufbewahren. Kontrollieren Sie die Äpfel einmal pro Woche und sortieren Sie faule Äpfel immer sofort aus, denn ein schlechter Apfel kann schnell alle anderen anstecken.

Was machen mit …

… Apfelschalen? Bei manchen Rezepten werden nur geschälte Äpfel verwendet. Die Schalen müssen Sie trotzdem nicht in den Müll schmeißen. Legen Sie sie einfach auf ein Backblech und lassen sie bei 75 Grad etwa 2 Stunden trocknen. Vermischt mit einer Granola aus Kürbiskernen, Hafer- und Dinkelflocken, kann man sie mit Joghurt oder Milch zum Frühstück oder Dessert essen. Auf diese Weise können Sie auch Birnenschalen verarbeiten.

NACHHALTIGE WIRTSCHAFT

Enthalten unsere Äpfel Pestizidrückstände?

Mit dem Kauf alter Sorten tun Sie nicht nur etwas für den Klima- und Umweltschutz, sondern auch für die Erhaltung der Artenvielfalt. Streuobstwiesen sind artenreiche Biotope für zahlreiche Pflanzen- und Tierarten. Außerdem leisten ökologisch oder integriert produzierende Apfelbauern einen Beitrag zur regionalen Identität. Sie sichern nicht nur den Erhalt der eigenen Betriebe, sondern auch den von regionalen Keltereien, Mostereien und Imkern.

Im Gegensatz zum ökologischen oder integrierten Apfelanbau ist die konventionelle Produktion von Monokultur und intensivem Pestizideinsatz geprägt. Um die hochgezüchteten neuen Apfelsorten gegen Krankheiten und Schädlinge zu schützen, werden die Bäume mit bis zu 40 verschiedenen Chemikalien behandelt: mit Herbiziden gegen Unkräuter, Fungiziden gegen Pilze (Schimmel, Rost und Mehltau) und Insektiziden gegen Käfer, Läuse und Milben. Auch wenn die Bäume eine gewisse Zeit vor der Ernte nicht mehr gespritzt werden dürfen, bleiben die Rückstände dieser Spritzmittel auf der Außenhaut der Äpfel und im Fruchtfleisch zurück. Selbst nach dem Waschen sind nicht alle

Reste beseitigt. Wer auf Nummer sicher gehen will, sollte unbedingt zu Bio-Äpfeln greifen, die frei von Pestizidrückständen sind.

GESUNDHEIT

Stimmt das englische Sprichwort „An apple a day keeps the doctor away"?

Äpfel sind ungeheuer gesund: Die Vitamine (z. B. Vitamin C) stärken die Abwehrkräfte, die Ballaststoffe wirken verdauungsregulierend, die Kohlenhydrate liefern Energie, das Wasser ist durstlöschend und die sekundären Pflanzenstoffe sind gut für unser Herz.

Menschen, die an einer Apfelallergie leiden, sollten es einmal mit alten Apfelsorten versuchen, denn im Gegensatz zu hochallergenen neuen Sorten rufen sie viel seltener allergische Reaktionen hervor.

EXKURS

INTEGRIERTER ANBAU

Der integrierte oder kontrollierte Anbau setzt auf einen maximalen Ertrag bei minimaler Umweltbelastung. Das heißt, es wird nur so viel gespritzt wie unbedingt nötig. Auch wenn eine externe Kontrolle durch Prüfinstitute erfolgt, ist die Bezeichnung gesetzlich nicht geschützt – im Gegensatz zum Begriff „kontrolliert biologischer Anbau".

Geschmortes Obst mit Vanilleeis

Für 4 Personen

ZUTATEN
1 Birne
1 Apfel
2 Bananen
2 Kiwis
4 Orangen
50 g Zucker
50 g Butter

100 g Läuterzucker
  (siehe S. 133)
50 g Orangensaft

FÜR DAS VANILLEEIS
(ETWA 10 PORTIONEN)
6 Eigelb
50 g Zucker

1 Vanilleschote, Mark
250 g Milch
250 g Sahne

ZUM ANRICHTEN
Minze

ZUBEREITUNG | Das Obst schälen, entkernen, in Spalten bzw. Scheiben schneiden oder filetieren. Zucker und Butter karamellisieren lassen. Mit Orangensaft und Läuterzucker ablöschen. Obst dazugeben und im vorgeheizten Backofen bei 180 Grad ungefähr 7 Minuten dünsten lassen.
Für das Vanilleeis Eigelb und Zucker schaumig rühren. Vanillemark mit Milch und Sahne aufkochen. Zur Eiermasse geben und auf dem Wasserbad zur Rose abziehen. Auskühlen und in der Eismaschine gefrieren lassen.

ANRICHTEN | Das Obst auf Teller verteilen und mit dem Saft übergießen. Vanilleeis als Nocke daneben anrichten. Mit Minze garnieren.

TIPP | Sie können für das Gericht auch andere Obstsorten verwenden, z. B. Grapefruit, Mango, Maracuja oder Ananas. Zum geschmorten Obst passen auch andere Eissorten oder ein Halbgefrorenes.

→ Äpfel: S. 134 | Bananen: S. 140 | Birnen: S. 155 | Butter: S. 58 | Eier: S. 90 | Exotische Früchte: S. 159 | Milch: S. 166 | Zitrusfrüchte: S. 138

ZITRUSFRÜCHTE

Kann man die Schalen essen oder enthalten sie Giftstoffe?

Zitrusfrüchte sind Vitamin-C-Spender und enthalten Antioxidantien, die unsere Zellen vor freien Radikalen schützen. Genauso viel Vitamin C und Bioflavonoide wie im Fruchtfleisch stecken in der weißen Haut, die sich zwischen Schale und Fruchtfleisch befindet. Dazu noch jede Menge unverdauliche Ballaststoffe, die für ein langanhaltendes Sättigungsgefühl sorgen, wenn wir die ganze Frucht, also auch die weiße Haut, essen. Da Zitrusfrüchte oft mit Konservierungsstoffen behandelt werden, um sie haltbar zu machen, bleiben die Rückstände von der Behandlung auf der Schale zurück. Deshalb sollte man die Schalen behandelter Zitrusfrüchte nicht verwenden. Die Frucht selbst wird durch die Behandlung nicht beeinträchtigt. Supermärkte und Obsthändler müssen die zur Konservierung eingesetzten Chemikalien auf den Obstkisten oder Etiketten angeben.

HERKUNFT, REGIONALITÄT, SAISONALITÄT

Wachsen Zitrusfrüchte das ganze Jahr?

Selbst wenn wir Zitrusfrüchte das ganze Jahr über kaufen können, sollten wir nicht vergessen, dass es sich dabei um ein typisches Winterobst handelt. Zitrusfrüchte reifen sechs bis 18 Monate am Baum. Die Haupterntezeit für Orangen und Mandarinen dauert in Südeuropa von November bis März. Die Farbe der Schale sagt übrigens nichts über den Reifegrad der Früchte aus. Die schöne orange Färbung entsteht erst dann, wenn die Nachttemperaturen auf wenigstens zehn bis zwölf Grad fallen. Orangen, die in den Sommermonaten im Handel erhältlich sind, kommen aus weit entfernten Ländern. Durch die langen Transportwege ist ihr CO_2-Ausstoß zehnmal höher. Um den Transport unbeschadet zu überstehen, werden sie häufig unreif geerntet und in Reifekammern gelagert. Daher enthalten sie viel weniger Vitamine, da sich diese nur bei der Reifung in der Sonne bilden. Qualitativ hochwertige Orangen mit hohem Nährwert erhält man deshalb nur im Winter.

Zitrusfrüchte aus biologisch-kontrolliertem Anbau enthalten keine Rückstände. Sie können die Schalen daher ohne Bedenken zum Backen oder Kochen verwenden.

ÖKOEFFEKTIVITÄT UND KREISLAUFWIRTSCHAFT

Was mache ich mit den Schalen von Zitrusfrüchten?

Ehe man die Schalen von Zitrusfrüchten endgültig wegwirft, kann man sie noch für viele andere Dinge verwenden. Allerdings sollte man nur Schalen, die von unbehandelten Früchten stammen, zum weiteren Verzehr verarbeiten. Hier einige Beispiele, was man in der Küche mit den Schalen so alles machen kann: kandieren; mit Salz oder Zucker vermischen und zum Würzen verwenden; in Öl einlegen und für Salatdressings nutzen; trocknen und mit Tee vermischen; zusammen mit Wasser zu Eiswürfeln gefrieren lassen oder daraus Sirup kochen. Die Schalen der

Zitrusfrüchte können im Haushalt auch als natürliche Reinigungsmittel eingesetzt werden. Zum Beispiel als Deo für die Spülmaschine oder zum Putzen von Edelstahlflächen.

Wenn Sie die Schalen dann wegwerfen, können Sie die unbehandelten bedenkenlos in die Bio-Mülltonne oder auf den Kompost werfen. Chemisch behandelte Schalen gehören allerdings in den Hausmüll.

BANANEN

HERKUNFT, REGIONALITÄT, SAISONALITÄT

Woher kommen unsere Bananen?

Bananen wachsen in tropischen Ländern, wo es das ganze Jahr über warm und feucht ist. Unsere Bananen kommen hauptsächlich aus Süd- und Mittelamerika, wo sie auf Plantagen wachsen. Einer der Hauptexporteure ist Ecuador. Bananen werden immer grün geerntet, also auch wenn sie nicht exportiert werden. Sie reifen nicht an der Staude. Bei der Ernte sind Bananen hart und nicht süß. Sie werden per Schiff nach Europa transportiert, wo sie in speziellen Reifekammern nachreifen. Da Bananen keine Saison haben, werden sie das ganze Jahr im Supermarkt angeboten. Aus Nachhaltigkeitsperspektive macht es keinen Unterschied, ob Sie sie im Dezember oder im August kaufen.

NACHHALTIGE LANDWIRTSCHAFT

Wie nachhaltig sind Bananen?

Eigentlich weisen Bananen eine ziemlich gute Klimabilanz auf. Doch leider werden sie meist in großen Monokulturen angebaut und sind dementsprechend pestizidintensiv. Pro Jahr und Hektar werden bis zu 50 Kilogramm davon eingesetzt. Eine gute Alternative sind Bio-Bananen. Der ökologische Bananenanbau schont die natürlichen Ressourcen und die Bodenfruchtbarkeit.

SOZIALE GERECHTIGKEIT UND FAIRE PREISE

Sind Fair-Trade-Bananen immer bio?

Nein. Bananen aus dem Fairen Handel müssen nicht unbedingt aus ökologischem Anbau stammen. Nur elf der 18 international registrierten Fair-Trade-Organisationen produzieren biologisch. Und auch nicht alle Bio-Bananen werden nach Fair-Trade-Richtlinien gehandelt.

Fair-Trade-Bananen kann man im Weltladen oder in Naturkostläden kaufen. In letzter Zeit haben auch immer mehr Supermarktketten fair gehandelte Bananen im Angebot.

Was bedeutet Fair Trade für den Bananenbauer?

Fairer Handel bedeutet zuerst einmal, dass die Produzenten für ihre Erzeugnisse einen gerechten Preis bekommen. Außerdem müssen bestimmte Sozial- und Umweltstandards beim Anbau eingehalten werden, wodurch sich die Lebens- und Arbeitsbedingungen der Bauern und ihrer Familien verbessern. In Ecuador bekommen Fair-Trade-Bananenbauern von den Fair-Trade-Organisationen für ihre Bananen rund 30 Prozent mehr, als wenn sie ihre Ernte an große Konzerne liefern würden.

RESSOURCENVERBRAUCH UND KLIMASCHUTZ

Haben Bananen einen negativen Einfluss auf unser Klima?

Da Bananen nicht in Gewächshäusern angebaut werden, lange haltbar sind und fast ausnahmslos verschifft werden, ist ihre CO_2-Bilanz im Vergleich mit anderen exotischen Früchten recht gut. Allerdings werden für den Bananenanbau immer mehr Tropenwälder gerodet.
Der biologische Bananenanbau ist zwar arbeitsaufwendiger und bringt geringere Erträge, dafür werden hier aber keine Giftstoffe eingesetzt. Für ein paar Cent mehr kann man etwas für die Umwelt, die eigene Gesundheit und die Bananenbauern tun.

PRODUKTE AUS FAIREM HANDEL

Der Kauf von Produkten aus Fairem Handel empfiehlt sich nicht nur für Bananen oder andere exotische Früchte, sondern auch für Tee, Kaffee, Textilien oder Kunsthandwerk.
Fairer Handel bedeutet, dass

● *die Erzeuger für ihre Waren einen Mindestpreis bekommen, der die Produktionskosten deckt. Normalerweise ist er höher als der Weltmarktpreis. Da der Weltmarktpreis Schwankungen unterworfen ist, wird, wenn der Weltmarktpreis über dem Mindestpreis liegt, der höhere Weltmarktpreis gezahlt.*

● *die Produkte ohne Zwischenhändler direkt vom Produzenten bezogen werden. Dadurch können die Erzeuger höhere Erlöse erzielen.*
● *weitreichende Arbeitsschutzrichtlinien eingehalten werden müssen (Verbot von Kinderarbeit, sichere Arbeitsbedingungen, Zahlung von Tariflöhnen, Versammlungsfreiheit).*
● *soziale Projekte wie der Bau von Schulen und Versorgungseinrichtungen finanziell unterstützt werden, aber auch die medizinische Versorgung und die Alterssicherung.*

Halbgefrorenes mit Trockenfrüchten

Für 4 Personen

ZUTATEN
200 g Zucker
100 g Wasser
3 Eiweiß
180 g Trockenfrüchte
(z. B. Äpfel, Birnen,
Marillen, Zwetschgen,
Erdbeeren)

50 g Blütenhonig
500 g Sahne

ZUM ANRICHTEN
getrocknete Apfelringe
getrocknete Birnen
getrocknete Erdbeeren
Schokoladenraspel

ZUBEREITUNG | Zucker und Wasser so lange kochen lassen, bis das Gemisch eine Temperatur von 120 Grad erreicht hat.

Eiweiß in der Küchenmaschine anschlagen. Das heiße Zuckerwasser langsam und unter ständigem Rühren zugeben. Die Masse so lange schlagen, bis sie kalt ist.

Trockenfrüchte grob zerkleinern, mit Honig vermischen und unter die Eiweißmasse heben. Sahne steif schlagen und vorsichtig unterheben. Masse in eine Form füllen und 3 Stunden im Tiefkühlschrank gefrieren lassen.

ANRICHTEN | Halbgefrorenes portionieren und mit getrockneten Äpfeln, Birnen und Erdbeeren auf Tellern anrichten. Mit Schokoladenraspeln garnieren.

TIPP | Die Temperatur des Zuckerwassers lässt sich am besten mit einem Zuckerthermometer kontrollieren.

➔ Eier: S. 90 | Honig: S. 145 | Trockenfrüchte: S. 144

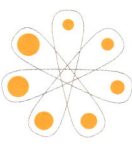

TROCKENFRÜCHTE

**Wie kann ich Obst energie-
sparend dörren?**

Wenn im Sommer alle Obstsorten gleichzeitig reif werden, häufen sich bei Gartenbesitzern oft große Mengen verschiedener Früchte an. Einen Teil davon kann man verschenken oder zu Marmelade verkochen. Doch was tun, wenn immer noch Früchte übrig sind? Um zu vermeiden, dass das Obst verfault und weggeworfen werden muss, kann man es dörren. Feigen, Aprikosen, Kirschen oder anderes Obst kann man entweder an der Luft, im Dörrapparat oder im Backofen trocknen. Die energiesparendste Variante ist das Trocknen an der Luft, gefolgt vom Dörrapparat.

GESUNDHEIT

**Sind ungeschwefelte
Trockenfrüchte gesünder?**

Trockenfrüchte sind eine gesunde Alternative zu Süßigkeiten. Zwar ersetzen sie kein frisches Obst, aber sie enthalten auch nach dem Dörren noch viele Nährstoffe, die zum Beispiel sehr gesund sind für unseren Verdauungstrakt. Allerdings sollte man darauf achten, ungeschwefelte Früchte zu verzehren. Viele im Handel erhältliche Trockenfrüchte werden mit Schwefeldioxid behandelt. Dadurch bleibt zwar die helle Farbe erhalten und die Vermehrung von Mikroorganismen wird gestoppt, aber das in den Früchten vorkommende Vitamin B1 wird zerstört. Außerdem kann die Schwefelung zu gesundheitlichen Problemen führen, zum Beispiel zu Kopfschmerzen, Übelkeit, Magenproblemen oder Asthmaanfällen. Biologische Produkte werden nicht geschwefelt und haben deshalb meist eine dunklere Farbe (z. B. Aprikosen), die aber keinen Einfluss auf den Geschmack oder die Qualität hat.

HONIG

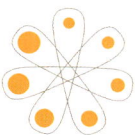

NACHHALTIGE LANDWIRTSCHAFT

Wann ist Honig bio?

Auch wenn der Imker sortenreinen Honig produziert, kann er nicht kontrollieren, ob die Bienen nur biologisch angebaute und nicht gespritzte Blüten anfliegen, selbst wenn sich die Trachtgebiete hauptsächlich dort befinden, wo keine umweltbelastende Bodennutzung stattfindet. Gibt es denn dann überhaupt Bio-Honig? Eigentlich müsste man besser von Honig aus ökologischer Bienenhaltung sprechen. Denn nur ein Bio-Imker, der im Umkreis von mindestens fünf Kilometern keine konventionellen landwirtschaftlichen Flächen hat, kann wirklich mit Sicherheit sagen, dass sein Honig ein reines Bioprodukt ist. Aus diesem Grund zielen die Bio-Kriterien vor allem auf die äußeren Rahmenbedingungen der Honigproduktion. So sind die Bienen-

kästen in der ökologischen Bienenhaltung aus Holz und nicht aus Kunststoff. Außerdem gelten für die Honigproduktion strenge Vorschriften, zum Beispiel für die Behandlung von Bienenkrankheiten, die Honigernte oder die Wachsreinheit. Sogar die Zuckerlösung, die der Imker den Bienen als Ersatz für den Honig füttert, muss aus ökologischem Anbau stammen.

Sind Bienen vom Aussterben bedroht?

Das Bienensterben hat viele Ursachen: die Varroa-Milbe, das Kaschmir-Virus, ein unsachgemäßer Umgang der Imker mit den Bienenvölkern, Monokulturen, Pestizide, schlechte Wasser- und Futterqualität.
Bienen sind nicht nur Honigproduzenten. Durch die Bestäubung sorgen sie für die Fortpflanzung vieler Wild- und Nutzpflanzen und haben so einen direkten Einfluss auf das ökologische Gleichgewicht. Von der Bienenbestäubung hängen auch die Erträge im Obst- und Pflanzenanbau ab. Auf Honig könnte man verzichten, auf die Blütenbestäubung nicht.

ÖKOEFFEKTIVITÄT UND KREISLAUFWIRTSCHAFT

Honig aus der Großstadt?

Wer meint, Bienen würden sich nur auf dem Land wohlfühlen, der irrt. Im Gegenteil. Während Bienen in ländlichen Gegenden durch den zunehmenden Einsatz von Pflanzenschutzmitteln und durch die Varroa-Milbe bedroht werden, finden sie Schutz in den Städten. Hier gibt es blühende Pflanzen in Parks, auf Friedhöfen, Verkehrsinseln, in Gärten, auf Balkonen und Dächern. Zudem ist es in der Stadt etwa zwei bis drei Grad wärmer, ein Vorteil für die wärmeliebenden Tiere, denn das Frühjahr beginnt zeitiger und im Herbst können sie länger ausfliegen. Sie ernähren sich von Schneeglöckchen und Krokus bis hin zu Goldrute. Da die Bienen nicht nur während der Haupttrachten mit Nektar gefüllte Blüten finden, ernten Stadtimker mehr Honig als Landimker. Der aufgrund der Blütenvielfalt sehr aromatische Stadthonig enthält keine Schadstoffe – schließlich werden in der Stadt weder Pestizide versprüht noch gentechnisch veränderte Pflanzen angebaut.

Joghurtpraline mit Honigmelone

Für 4 Personen

ZUTATEN
4 Blatt Gelatine
500 g Naturjoghurt
20 g Zucker
1 TL Zitronensaft
1 reife Honigmelone
50 g Honig

ZUM ANRICHTEN
4 Minzeblätter,
  fein geschnitten

ZUBEREITUNG | Gelatine in kaltem Wasser einweichen. Joghurt, Zucker und Zitronensaft gut verrühren. Ein Drittel der Joghurtmasse im Wasserbad erwärmen und die gut ausgedrückte Gelatine darin auflösen. Zur restlichen Joghurtmasse geben und gut verrühren. In eine flache Form füllen (die Masse sollte darin etwa 2 cm hoch stehen) und im Kühlschrank 3 Stunden gelieren lassen. Honigmelone halbieren und entkernen. Mit einem Kugelausstecher (Parisienne-ausstecher) kleine Kugeln ausstechen. Die restliche Melone schälen und das Fruchtfleisch mit Honig fein pürieren. Zum Anrichten beiseitestellen.

ANRICHTEN | Aus der Joghurtmasse mit einem kleinen Metallring Kreise ausstechen und dekorativ auf dem Teller verteilen. Melonenkugeln dazwischen platzieren, mit Melonencoulis und Minze garnieren.

Honig: S. 145 | Joghurt: S. 148 | Melone: S. 150

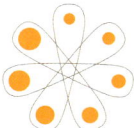

JOGHURT

GESUNDHEIT

Wie gesund ist Joghurt?

In einer fett- und zuckerarmen Variante ist Joghurt ein gesundes Lebensmittel, denn er enthält Vitamine (B2, B12) und Kalzium. Alle anderen Joghurtvarianten sollte man eher als Dessert sehen, da sie wegen des hohen Fett- und Zuckeranteils wahre Kalorienbomben sind. Wer die gesundheitsfördernde Wirkung von Joghurt nutzen möchte, sollte zu fettarmem Naturjoghurt greifen, den man mit frischen saisonalen Früchten oder selbstgekochter Marmelade geschmacklich verfeinern kann.

Wie viel Frucht steckt im Fruchtjoghurt?

Wenn Sie wissen wollen, wie viel Früchte in einem gekauften Fruchtjoghurt stecken, können Sie das mit einem einfachen Versuch ganz leicht herausfinden. Geben Sie den Joghurt aus dem Becher in ein Sieb und spülen ihn unter fließendem Wasser ab. Das, was im Sieb zurückbleibt, ist der Fruchtanteil – also meist dürre, faserige Stücke und wenig Obst.

Laut gesetzlicher Vorschrift darf sich ein Joghurt Fruchtjoghurt nennen, wenn er einen Fruchtanteil von sechs Prozent hat. Umgerechnet auf einen 150-Gramm-Becher wären das neun Gramm Frucht – das entspricht einer klitzekleinen Erdbeere. Bei einem Joghurt mit Fruchtzubereitung müssen sogar nur 3,5 Prozent echte Früchte enthalten sein. Die Fruchtzubereitung, die die Milchhöfe zukaufen, ist von unterschiedlicher Qualität.

KANN MAN JOGHURT AUCH IN DER HEIMISCHEN KÜCHE HERSTELLEN?

Selbstverständlich! Natürlich erfordert es einiges an Aufwand, aber es lohnt sich. Die Eigenproduktion hat den Vorteil, dass Sie Ihre Lieblingsmilch verarbeiten können, sei es Kuh-, Ziegen- oder Schafsmilch. Und auch aus Reisbzw. Sojamilch lässt sich Joghurt zubereiten. Geben Sie einfach Milch und etwas Naturjoghurt oder eine Starterkultur (lactobazillus bulgaricus) aus dem Naturkostladen in den Joghurtbereiter. Nach vier bis acht Stunden können Sie Ihren Joghurt genießen. Da die Milchsäurebakterien einen Teil der Laktose abbauen, ist Joghurt bekömmlicher als frische Milch. Nebenbei schonen Sie auch die Umwelt, denn Sie müssen keine Plastikverpackungen oder Aluminiumdeckel entsorgen.

Alle enthalten neben Zucker, Verdickungsmitteln und färbenden Lebensmittelkonzentraten auch Aromen, Säureregulatoren oder Konservierungsstoffe. Die Stoffe auf dem Etikett müssen nicht mit der Frucht übereinstimmen, die dem Joghurt den Geschmack geben soll. So kann der Farbstoff beim Erdbeerjoghurt durchaus von Roter Bete oder Holunder stammen und die Fruchtstückchen aus gefärbten Äpfeln bestehen. Aus Kostengründen verwenden viele Hersteller für den fruchtigen Geschmack künstliche Aromen. Selbst wenn auf dem Etikett „natürliche Aromen" steht, ist Vorsicht geboten. Denn „natürlich" bedeutet in diesem Fall nur, dass die Aromastoffe aus pflanzlichen oder tierischen Stoffen gewonnen werden. Beispielsweise darf Erdbeeraroma, das aus Buchenholzspänen gewonnen wurde, als natürlich bezeichnet werden.

MELONE

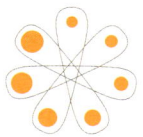

HERKUNFT, REGIONALITÄT, SAISONALITÄT

Wo werden Melonen angebaut und wann sind sie reif?

Wer von Melonen spricht, meint entweder Wasser- oder Zucker-melonen. Zuckermelonen sind ein Sammelbegriff für rund 500 verschiedene Sorten – eine davon ist die Honigmelone –, die sich in Aussehen, Geschmack und Farbe unterscheiden. Gemeinsam ist ihnen ein hoher Fruchtzucker-anteil, der sie süß schmecken lässt. Woher die Pflanze ursprünglich kommt, ist umstritten. Die einen meinen, aus Afrika, die anderen, aus Asien. Doch das ist längst egal, denn Zuckermelonen wer-den heute weltweit überall dort angebaut, wo es warm genug ist. Für eine optimale Reifung benö-tigt die Honigmelone nämlich Feuchtigkeit und Sonne. In Ita-lien findet sie diese Kombination zum Beispiel in Norditalien (etwa in der Po-Ebene), aber auch in Sizilien. Melonen werden zwi-schen Juni und September ge-erntet, wenn sie vollständig reif sind.

RESSOURCENVERBRAUCH UND KLIMASCHUTZ

Welche Auswirkungen hat der Anbau von Melonen auf die Umwelt?

Für den Anbau von Melonen wird sehr viel Wasser verbraucht. So muss für die Produktion von einem Kilo Wassermelone die Menge von 200 Litern Wasser aufgewendet werden. Beim Im-port werden so große Mengen virtuellen Wassers aus den Er-zeugerländern, in denen Wasser eine kostbare und oft knappe Ressource ist, zu uns gebracht. Da Melonen im Verhältnis zu ihrem Nährwert groß und schwer sind, ist auch ihr Transport, was den Ausstoß von CO_2 angeht, problematisch. Darüber hinaus

DIE SOGENANNTE MONSANTO-MELONE

Eine in Indien wachsende Melonen-sorte hat sich als resistent gegen eine bestimmte Viruserkrankung erwiesen, die sich weltweit immer mehr ausbreitet. Der US-Chemie-konzern Monsanto hat das für die Resistenz verantwortliche Gen isoliert und durch Kreuzung auf seine Melonensorten übertragen. 2008 erteilte das Europäische Pa-tentamt Monsanto das Patent auf diese Melonen. Monsanto besaß damit ein Mittel, um anderen Züch-tern wichtige genetische Ressourcen vorzuenthalten und so die Züchtung und den Anbau von Melonen zu erschweren. 2016 wurde die Patent-erteilung allerdings aus techni-schen Gründen widerrufen. Denn als patentierbar gelten nur Pflan-zen, die durch gentechnische Me-thoden entstanden sind, und die Monsanto-Melone ist eine Kreuzung ohne gentechnische Veränderungen – sie wurde also auf herkömmliche Art und Weise gezüchtet. Die Mon-santo-Melone ist ein Beispiel für die Frage, wem Pflanzen gehören bzw. ob man überhaupt Patente auf Pflanzen erteilen darf.

EXKURS

ZUNEHMENDER WASSERMANGEL UND VIRTUELLES WASSER

Die Landwirtschaft hat weltweit den größten Anteil (70 Prozent) am Trinkwasserverbrauch. Durch den Klimawandel nimmt die Wasserknappheit global immer mehr zu und es wird stets wichtiger, Trinkwasserreserven sparsam einzusetzen. Viele landwirtschaftliche Bewässerungsanlagen sind veraltet und oft nicht den Bedingungen angepasst. Daneben ist die Entscheidung für den Anbau bestimmter Feldfrüchte oft ökonomischen Überlegungen geschuldet und nicht den klimatischen Gegebenheiten angepasst. So müssen die Anbauflächen häufig künstlich bewässert werden. Die Folge sind hohe Wasserverluste, die durch geeignete Maßnahmen vermieden werden könnten.

Der Begriff „virtuelles Wasser" meint den Wasserverbrauch, den die Herstellung eines Produktes verursacht. Der indirekte Wasserverbrauch ist bei tierischen Lebensmitteln viel höher als bei pflanzlichen. Doch es gibt auch Pflanzen, wie zum Beispiel Mandeln, die eine schlechte Wasserbilanz aufweisen. So verbraucht der Anbau nur einer Mandel vier Liter Wasser. Neben den 120 Litern Wasser für die täglichen Bedürfnisse konsumiert jeder von uns pro Tag etwa 3.900 Liter virtuelles Wasser!

---

werden Melonen meist in Monokultur und unter Einsatz großer Mengen an Pestiziden und Düngemitteln angebaut.

Aus ökologischer Sicht sind saisonale Bio-Melonen aus der Region bzw. aus weniger weit entfernten Anbaugebieten die beste Wahl. Wegen des hohen Wasserverbrauchs beim Anbau sollte man es vermeiden, Melonen aus Ländern zu kaufen, in denen Wasserknappheit herrscht.

ÖKOEFFEKTIVITÄT UND KREISLAUFWIRTSCHAFT

Kann man Melonenschalen essen?

Die Melonenschale wird von uns immer weggeworfen. Manchmal landet sie auf dem Kompost, aber meist im Restmüll. Das müsste eigentlich nicht sein, denn selbst die Schale ist essbar! Kochen Sie daraus doch einfach einmal ein

Chutney. Allerdings sollten Sie vorher die harte dunkelgrüne Haut der Wassermelone mit einem Sparschäler abschälen, sodass nur die hellgrüne Rinde übrig bleibt. Mit Zwiebeln, Ingwer, Kreuzkümmel, Senfsamen, Zucker, Essig und Orangensaft wird daraus ein Chutney, das gut zu Käse passt.

WORAN ERKENNE ICH, OB EINE MELONE REIF IST?

Eine reife Melone zeichnet sich durch vier Eigenschaften aus: Klang, Geruch, Farbe und Gewicht. Unreife Melonen erzeugen beim Klopfen einen metallischen Ton, reife klingen satt und dunkel. Der Geruch reifer Melonen ist am Blütenansatz frisch und fruchtig. Riecht die Melone nach Gas, ist sie unreif. Eine intensive Farbe deutet auf Überlagerung hin und reife Exemplare sind deutlich schwerer als gleich große unreife.

Milchreispalatschinken mit Birnen-Walnuss-Ragout und Zimteis

Für 4 Personen

FÜR DEN MILCHREIS
1 l Milch
½ Zitrone,
   Schale abgerieben
1 EL Zucker
50 g Butter
1 kleines Stück Zimtstange
1 Prise Salz
200 g Risottoreis
   (z. B. Carnaroli)

FÜR DEN TEIG
100 g Mehl
1 Ei
1 EL Zucker
120 g Milch

FÜR DAS BIRNEN-WALNUSS-RAGOUT
400 g Birnen
100 g Zucker
50 g Butter
60 g Walnüsse,
   fein gehackt

FÜR DAS ZIMTEIS
250 g Sahne
250 g Milch
100 g Zucker
8 Eier
4 Eigelb
30 g Zimt

ZUM ANRICHTEN
Staubzucker
Schokolade, geschmolzen
Minze

ZUBEREITUNG | Milch mit Zitronenschale, Zucker, Butter, Zimt und Salz zum Kochen bringen. Reis zugeben und unter ständigem Rühren 20 Minuten kochen lassen. Milchreis auf ein Backblech geben und auskühlen lassen.
Mehl, Ei, Zucker und Milch verrühren. Milchreis zufügen und gut unterrühren. Aus dem Teig dünne Palatschinken backen. Birnen schälen, entkernen, in dünne Spalten schneiden und mit Zucker vermengen. Butter schmelzen, Birnen darin karamellisieren und weich dünsten. Walnüsse unterrühren.
Für das Eis Sahne und Milch aufkochen, Zucker dazugeben und in den Mixer füllen. Eier und Eigelb unterrühren, mit Zimt würzen und weitere 5 Minuten mixen. Masse in der Eismaschine gefrieren lassen.

ANRICHTEN | Palatschinken mit Birnen-Walnuss-Ragout füllen, falten und auf Teller legen. Das restliche Ragout und je eine Nocke Zimteis daneben anrichten. Mit Staubzucker bestreuen und mit geschmolzener Schokolade sowie Minze garnieren.

Birnen: S. 155 | Butter: S. 58 | Eier: S. 90 | Kakao und Schokolade: S. 174 | Milch: S. 166 | Reis: S. 154

REIS

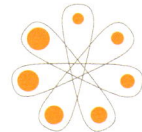

HERKUNFT, REGIONALITÄT, SAISONALITÄT

Wächst Reis nur in Asien?

Reis ist in Asien das Grundnahrungsmittel schlechthin. Die größten Reisproduzenten sind China, Indonesien und Indien. Dort werden vor allem Jasmin-Reis, Basmati-Reis, Klebereis, Sushi-Reis und schwarzer Reis angebaut. In Europa gibt es aber auch verschiedene Regionen in Italien, Spanien und Frankreich, in denen Reis angebaut wird. Diese Erzeugergebiete decken zwei Drittel des in Europa verbrauchten Reises. In Italien, dem größten kontinentalen Reiserzeugerland, werden in der Po-Ebene verschiedene Rundkornreissorten angebaut, die ideal für Risotto, aber auch für Milchreis sind. In Frankreich wächst darüber hinaus der berühmte rote Camargue-Reis und in Spanien eine Sorte, die sich bestens für Paella eignet.

GESUNDHEIT

Ist Vollkornreis gesünder als weißer Reis?

Im Gegensatz zu vielen anderen Getreidearten enthält Reis kein Gluten und kann von Menschen mit einer Glutenunverträglichkeit problemlos verzehrt werden. Der im Handel erhältliche, sehr beliebte weiße Reis ist poliert und geschält – das heißt, er ist frei vom Keim und von den Randschichten – und besitzt deshalb nur einen geringen Nährwert. Vollkornreis ist ungeschält, weshalb die Körner mehr Vitamine und Mineralstoffe enthalten. Allerdings ist er nicht so lange haltbar wie weißer Reis. Vollkornreis hat eine viel längere Kochzeit und einen wesentlich anderen Geschmack.

NACHHALTIGE LANDWIRTSCHAFT

Wie wird Reis angebaut?

In den großen Reisanbaugebieten wird der Reis zumeist unter großzügigem Einsatz von Pestiziden und Kunstdünger erzeugt. So setzen konventionelle Betriebe für die Produktion von drei Tonnen Reis etwa eine Tonne Kunstdünger ein. Durch diese Produktionsweise wird nicht nur das Grundwasser verschmutzt, sondern auch die Mikrofauna negativ beeinflusst. In der biologischen Landwirtschaft werden hingegen Frösche und Fische zur Schädlingsbekämpfung genutzt und es wird auch kein Kunstdünger verwendet.

VIELFALT UND DIVERSITÄT

Wie viele Reissorten gibt es?

Weltweit gibt es mehr als 100.000 Reissorten – Reis ist damit das sortenreichste Grundnahrungsmittel. Man unterteilt Reissorten generell in drei Typen: Langkorn-, Mittelkorn- und Rundkornreis. Langkornreis behält selbst bei langem Kochen seine Konsistenz, während Rundkornreis cremiger ist und sich besonders für Risotto oder Milchreis eignet. Der bei uns auch sehr beliebte Basmatireis ist ein besonders aromatischer Langkornreis aus Indien und Pakistan. Im Supermarkt findet man darüber hinaus sogenannten Parboiled Rice, das ist Reis, der mit Dampf und Druck behandelt wurde.

Durch dieses Verfahren verliert er an Geschmack und Aroma, ist jedoch besonders körnig und kochfest.

Außerdem gibt es roten, schwarzen und grünen Reis bzw. Berg- und Wildreis. Bergreis wird im Trockenanbau, also nicht im Wasser, auf einer Höhe bis 2.000 Meter angebaut; er kommt mit dem natürlichen Niederschlag aus. Wildreis ist streng genommen gar kein Reis, sondern eine Grasart. Er wird von den Urein-wohnern in der kanadischen Provinz Manitoba angebaut und unterscheidet sich in seiner Verarbeitung bzw. Verwendung stark vom herkömmlichen Reis.

RESSOURCENVERBRAUCH UND KLIMASCHUTZ

Wie sieht der ökologische Fußabdruck von Reis aus?

Reis ist ein ressourcenintensives Lebensmittel: Bei seiner Produktion wird eine große Menge Wasser eingesetzt und er hat wegen des hohen Kunstdüngereinsatzes sowie der oft weiten Transportwege eine schlechte CO_2-Bilanz. Die CO_2-Emission von einem Kilogramm Reis ist sogar höher als die von einem Kilogramm Geflügelfleisch. Problematisch ist auch der hohe Methanausstoß, denn in den überfluteten Reisfeldern gedeihen Methan produzierende anaerobe Bakterien.

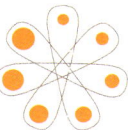

BIRNEN

ÖKOEFFEKTIVITÄT UND KREISLAUFWIRTSCHAFT

Kann man Birnen lagern?
Entscheidend ist die Sorte, denn nicht jede Birne ist lagerfähig. Früh reifende Sorten eignen sich nicht zum Einlagern. Sie sollten bis zur Genussreife (Vollreife, kurz vor dem Abfallen) am Baum hängen bleiben. Allerdings können Sie sie gut durch Einkochen konservieren. Lagerbirnen erntet man hingegen bei Pflückreife. Pflückreife Birnen erkennt man daran, dass die Frucht braune Kerne hat, das Fruchtfleisch insgesamt aber noch sehr fest ist. Ganz allgemein sind späte Sorten besser für die Lagerung geeignet. Birnen, die man einlagern will, müssen unbeschädigt sein, denn beschädigte Früchte (also solche mit Druckstellen) schimmeln bzw. faulen schnell. Der ideale Aufbewahrungsort ist ein kühler, dunkler Keller mit einer hohen Luftfeuchtigkeit oder ein Gartenhäuschen. Für die kurzfristige Lagerung ist das Gemüsefach im Kühlschrank genau der richtige Ort. Kontrollieren Sie das Obst regelmäßig und entfernen Sie faule oder schimmelige Birnen sofort.

Wer eine harte, unreife Birne kauft, sollte sie neben Bananen aufbewahren: Diese verströmen das Pflanzenhormon Ethylen, das anderes Obst reifen lässt.

Soufflierter Panettone-Schmarren mit Zitrusfrüchten

Für 4 Personen

ZUTATEN
200 g Panettone
200 g Milch
4 Eiweiß
70 g Zucker
Mehl
Butter
4 unbehandelte Orangen
4 Mandarinen

ZUM ANRICHTEN
Granatapfelkerne
Staubzucker
Passionsfruchtsauce
   (siehe Tipp)

ZUBEREITUNG | Panettone in mittelgroße Würfel schneiden und mit Milch vermengen. Eiweiß mit Zucker steif schlagen und vorsichtig unter die Masse heben. Eine Teflonpfanne ausbuttern und mit Mehl bestreuen. Die Masse in die Pfanne geben und im vorgeheizten Backofen bei 170 Grad etwa 15 Minuten backen. Zitrusfrüchte schälen, Orangen filetieren und Mandarinen in Scheiben schneiden.

ANRICHTEN | Zitrusfrüchte auf Teller verteilen. Panettone-Schmarren mit einem Löffel in Stücke reißen und mittig auf den Tellern anrichten. Mit Staubzucker bestreuen und mit Granatapfelkernen und Passionsfruchtsauce garnieren

TIPPS | Für die Passionsfruchtsauce werden 6 Passionsfrüchte halbiert, ausgekratzt und mit etwas Zucker aufgekocht.
Zum Panettone-Schmarren passt auch ein Sauerrahmeis. Dafür werden 500 g Sauerrahm, 100 g Staubzucker, 15 g Milchpulver und 50 g Zitronensaft verrührt. In der Eismaschine gefrieren lassen.

➤ Butter: S. 58 | Eier: S. 90 | Exotische Früchte: S. 159 | Milch: S. 166 | Panettone: S. 158 | Zitrusfrüchte: S. 138

PANETTONE

ÖKOEFFEKTIVITÄT UND KREISLAUFWIRTSCHAFT

Kann man Panettone auch noch nach Weihnachten essen?

Natürlich kann man Panettone auch noch nach Weihnachten essen. Richtig gelagert, hält er sich unglaublich lange und kann bis Ostern verzehrt werden. Lassen Sie ihn aber unbedingt in der Plastikverpackung, damit er auch angeschnitten frisch bleibt. Wenn Sie nach Weihnachten allerdings keinen Appetit mehr auf Panettone haben, können Sie ihn noch in der Küche verarbeiten. Machen Sie daraus doch Pralinen (ähnlich wie Rumkugeln), Aufläufe, eine süße Nudelfüllung (Schokoravioli mit Panettonefüllung) oder eine süße Panade für gebratenes Obst.

SOZIALE GERECHTIGKEIT UND FAIRE PREISE

Wie viel kostet ein Panettone?

Die Antwort auf diese Frage hängt davon ab, wo Sie den Panettone kaufen möchten: im Supermarkt, in einer Konditorei bzw. Bäckerei. In den Supermärkten sind die Preise für Panettone in den letzten Jahren extrem gesunken. Das liegt vor allem an der zunehmenden industriellen Produktion bzw. daran, dass die italienischen Supermärkte den Panettone als sogenannte Lockware anbieten. Das heißt, mit niedrigen, unter den Herstellungskosten liegenden Preisen sollen Käufer in den Supermarkt gelockt und zum Kauf weiterer Produkte animiert werden. In diesen Fällen sagt der Preis nichts über die Qualität aus. Die Qualität kann, selbst wenn der Preis niedrig ist, immer noch hoch sein. Allerdings führt diese Niedrigpreisstrategie dazu, dass sich nur die kosteneffizientesten und größten Hersteller am Markt halten können. Kleine Unternehmen bleiben dabei auf der Strecke.

WAS MACHT EINEN GUTEN PANETTONE AUS?

Für einen guten Panettone braucht man qualitativ hochwertige Zutaten, die auch gekonnt verarbeitet werden müssen. Als Hauptzutaten enthält Panettone Butter, Mehl, viel Eigelb, wenig Zucker, Salz, Honig und die hefehaltige „Madre" als Triebmittel. Wichtig sind die Qualität der Butter und die Auswahl der richtigen Mehlsorte. Ein guter Panettone ist saftig und hat einen frischen, milden Geschmack. Schmeckt er stark nach Hefe, ist das ein Zeichen für mindere Qualität und deutet darauf hin, dass keine Madre, sondern normale Backhefe verwendet wurde.

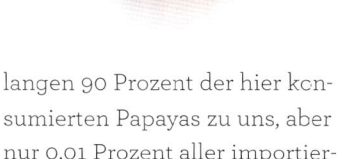

EXOTISCHE FRÜCHTE

NACHHALTIGE LANDWIRTSCHAFT

Wie viel Wasser verbraucht der Dattelanbau?

Zwar stellen Dattelpalmen nur geringe Ansprüche an die Umwelt, aber sie sind ziemlich durstig und haben, verglichen mit anderen an extreme Trockenheit angepasste Pflanzen, einen hohen Wasserbedarf. Dieser Wasserbedarf lässt sich nicht ohne künstliche Bewässerung stillen. Deshalb wird oft der komplette Plantagenboden überflutet. Im Dattelanbaugebiet Kalifornien verbraucht diese Methode pro Hektar jährlich etwa 27.000 bis 36.000 Kubikmeter Wasser. Zwar wachsen die Datteln dadurch sehr üppig, aber es gehen durch Verdunstung und Versickern große Mengen Wasser verloren.

SOZIALE GERECHTIGKEIT UND FAIRE PREISE

Werden exotische Früchte zu gerechten Preisen gehandelt?

Aufgrund der Empfindlichkeit exotischer Früchte und der häufig damit verbundenen beschränkten Transportmöglich-keiten haben die Kleinbauern, die sie produzieren, oft keine andere Wahl, als ihre Früchte an große Unternehmen zu verkaufen, die den Preis unverhältnismäßig drücken. Die Kleinbauern, die von diesen Unternehmen abhängig sind, erhalten meist einen viel zu geringen Lohn für ihre Arbeit.

Um eine solch ungerechte Entlohnung zu vermeiden, sollten Sie fair gehandelte Früchte kaufen, damit die Erzeuger einen gerechten Preis für ihr Produkt bekommen. Das Fair-Trade-Siegel garantiert allerdings nicht, dass die Produkte biologisch erzeugt wurden.

RESSOURCENVERBRAUCH UND KLIMASCHUTZ

Wie werden tropische Früchte transportiert?

Das Problematische an den meisten tropischen Früchten ist ihr Transport. Vor allem Mangos und Papayas, die leicht verderblich sind, werden unreif geerntet und mit dem Flugzeug – dem Transportmittel mit dem größten CO_2-Ausstoß – nach Europa gebracht. Auf dem Luftweg gelangen 90 Prozent der hier konsumierten Papayas zu uns, aber nur 0,01 Prozent aller importierten Bananen werden eingeflogen.

Welche ökologischen Auswirkungen hat der Avocado-Boom?

Avocados wurden in den letzten Jahren zum Superfood erklärt: gut für die menschliche Gesundheit, gut für die Erde. Doch tatsächlich ist die Avocado-Produktion ökologisch sehr bedenklich. Die steigende Nachfrage in den westlichen Ländern hat dazu geführt, dass Avocados in Mittel- und Südamerika zu einem beliebten Anbauprodukt geworden sind. Um Platz für den Anbau zu schaffen, werden etwa in Mexiko jedes Jahr ungefähr 1.500 bis 4.000 Hektar Wald gerodet. Außerdem verbraucht ein Avocadobaum täglich rund 50 Liter Wasser.

Versuchen Sie deshalb Ihren Avocado-Konsum zu verringern und achten Sie beim Kauf auf Bio-Ware mit dem EU-Bio-Siegel.

Geeiste Pfirsichsuppe mit Buttermilchflan

Für 4 Personen

FÜR DIE PFIRSICHSUPPE
4 Pfirsiche
500 g Eiswürfel
150 g Läuterzucker
   (siehe S. 133)
1 Zitrone, Saft

FÜR DEN BUTTERMILCHFLAN
1 Blatt Gelatine
150 g Buttermilch
50 g Staubzucker
½ Zitrone, Saft
100 g Sahne

ZUM ANRICHTEN
Himbeeren
Minze

ZUBEREITUNG | Pfirsiche halbieren und entsteinen. Mit einem Kugelausstecher 24 Perlen ausstechen und beiseitestellen. Das restliche Pfirsichfleisch klein schneiden und mit Eiswürfeln, Läuterzucker und Zitronensaft im Mixer fein pürieren. Bis zum Servieren kalt stellen.

Gelatine in kaltem Wasser etwa 5 Minuten einweichen, gut ausdrücken und im Wasserbad mit etwas Buttermilch auflösen.

Die restliche Buttermilch mit Staubzucker und Zitronensaft verrühren. Die aufgelöste Gelatine dazugeben. Sahne steif schlagen und vorsichtig unterheben. Masse in mit Klarsichtfolie ausgelegte Förmchen füllen und im Kühlschrank mindestens 2 Stunden gelieren lassen.

ANRICHTEN | Pfirsichsuppe in tiefe Teller oder Schälchen füllen. Buttermilchflan vorsichtig aus den Förmchen stürzen und mittig platzieren. Mit Pfirsichperlen, Himbeeren und Minze garnieren.

→ Steinobst: S. 162 | Zitrusfrüchte: S. 138

STEINOBST

den zwölf am meisten belasteten Obst- und Gemüsesorten. Deshalb sollte man beim Einkauf unbedingt auf Steinobst aus biologischer Landwirtschaft achten.

VIELFALT UND DIVERSITÄT

Worin unterscheiden sich die verschiedenen Steinobstsorten?

Steinobst nennt man Pflanzen, deren Früchte bei der Reifung innen verholzen, während sich außen das genießbare Fruchtfleisch bildet. Pfirsiche, Aprikosen (Marillen), Nektarinen, Zwetschgen und Kirschen zählen zur Familie der Rosengewächse. Pfirsich und Aprikose sind eng miteinander verwandt. Die Nektarine ist vermutlich das Produkt einer Mutation des Pfirsichs und zeichnet sich vor allem durch eine glatte Haut aus. Pfirsiche haben dagegen eine flaumige Behaarung.

Die verschiedenen Pfirsicharten unterscheiden sich nicht nur in Größe, Form und Farbe der Haut, sondern vor allem in der Farbe des Fruchtfleischs, das weiß, gelb oder rötlich sein kann. Jeder

HERKUNFT, REGIONALITÄT, SAISONALITÄT

Woher stammen Pfirsiche?

Die Heimat von Pfirsich und Aprikose (Marille) ist China. Von dort traten die Früchte ihren Siegeszug nach Europa an. Die Hauptanbaugebiete für in Europa verzehrte Pfirsiche und Aprikosen liegen in den Mittelmeerländern, also in Italien, Spanien, Frankreich, Griechenland und der Türkei. Die Steinobstsaison reicht vom Sommer bis zum Frühherbst.

NACHHALTIGE LANDWIRTSCHAFT

Wie hoch ist die Pestizidbelatung von Steinobst?

Häufig findet der Anbau von Steinobst in Monokulturen und unter hohem Pflanzenschutzmitteleinsatz statt. Da Pfirsiche, Aprikosen und Co. sehr empfindlich für verschiedene Krankheiten und Schädlinge sind, werden sie oft mit Herbiziden und Pestiziden behandelt. Laut einer Untersuchung der „Environmental Working Group" gehören sie zu

ÖKOEFFEKTIVITÄT UND KREISLAUFWIRTSCHAFT

Hält Steinobst im Kühlschrank länger?

Wenn es draußen heiß ist, empfiehlt es sich, Steinobst im Kühlschrank zu lagern, da die Früchte bei Raumtemperatur ziemlich schnell verderben. Allerdings verlieren sie im Kühlschrank ihr natürliches Aroma.

Bei Kirschen gilt zusätzlich: Kirschen mit Stielen sind länger genießbar. Der Übergang vom Stiel zur Frucht ist bei Kirschen nämlich ein Einfallstor für Bakterien, die die Früchte schneller faulen lassen.

Steinobst lässt sich sehr gut konservieren: Man kann daraus Marmelade oder Kompott kochen bzw. es für die Zubereitung im Rumtopf oder von Senffrüchten verwenden. Darüber hinaus lässt sich Steinobst einfrieren, trocknen und kandieren.

Pfirsich hat seinen eigenen Geschmack. So ist ein Weinbergpfirsich, dessen Fruchtfleisch weiß mit roten Adern ist, viel herber als andere Sorten. Zwar fehlt ihm die klassische Süße, er eignet sich aber wegen seine starken Aromas besonders gut für Marmelade, Kompott oder Likör. Gelbfleischige Pfirsiche lassen sich besonders gut schneiden und machen sich gut in Desserts. Pflaumen, Zwetschgen, Renekloden und Mirabellen sind alles Pflaumenarten. Sie unterscheiden sich ebenfalls in Farbe, Größe und Geschmack. Pflaumen sind blauviolett und kugelförmig. Ihr Fruchtfleisch lässt sich meist nur schwer vom Stein lösen. Zwetschgen sind dunkler und kleiner als Pflaumen und haben eine ovale Form. Ihr Fruchtfleisch lässt sich leichter vom Stein lösen. Zwetschgen eignen sich hervorragend zum Backen, weil sie weniger Wasser als Pflaumen enthalten. Renekloden ähneln in der Form einer Kugel und können rot, grün oder gelb sein. Mirabellen sind kleiner und gelb.

Bei den Kirschen unterscheidet man zwei Arten: Süß- und Sauerkirschen. Von beiden Arten gibt es unzählige Sorten, die zu unterschiedlichen Zeiten reif werden. Sauerkirschen enthalten mehr Fruchtsäure und schmecken deshalb säuerlich. Bekannte Sorten sind Schattenmorellen (schwarzblau) und Weichseln (hellrot).

Soufflierter Mandelschmarren mit Zwetschgen

Für 4 Personen

FÜR DEN SCHMARREN
500 g Milch
150 g Zucker
1 Vanilleschote, Mark
125 g Topfen
3 Eigelb
25 g Butter

50 g Mehl
150 g ungeschälte Mandeln, gerieben
3 Eiweiß

FÜR DIE ZWETSCHGEN
200 g Zwetschgen
50 g Zucker
50 g Mandelstifte

ZUM ANRICHTEN
Staubzucker

ZUBEREITUNG | Milch, 100 g Zucker und Vanillemark kurz aufkochen. In den Mixer geben und während des Mixens Topfen, Eigelb, Butter, Mehl und Mandeln zufügen. Alles gut durchmixen. Eiweiß mit dem restlichen Zucker steif schlagen und vorsichtig unter die Schmarrenmasse heben. Zwetschgen entsteinen, halbieren und mit Zucker etwa 5 Minuten in einer beschichteten Pfanne schmoren lassen. Schmarrenmasse über die Zwetschgen gießen und mit Mandelstiften bestreuen. Im vorgeheizten Backofen bei 180 Grad ungefähr 10 Minuten backen.

ANRICHTEN | Den Schmarren mit einem Löffel grob zerteilen, auf Tellern anrichten und mit Staubzucker bestreuen.

TIPP | Dazu kann man ein Zimt- oder Vanilleeis servieren.

Butter: S. 58 | Eier: S. 90 | Milch: S. 166 | Steinobst: S. 162 | Topfen: S. 70

MILCH

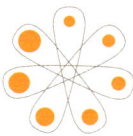

GESUNDHEIT

Ist die Milch von glücklichen Kühen gesünder?

In der ökologischen Tierhaltung hängt die Anzahl der Kühe, die der Bauer halten darf, direkt mit der landwirtschaftlichen Fläche zusammen, über die er verfügt. Kühe, die nach Bio-Vorschriften gezüchtet und gehalten werden, haben daher mehr Platz zur Verfügung. Sie können sich mehr bewegen als ihre Artgenossen in konventionellen Betrieben. Unterschiede gibt es auch beim Futter. In der ökologischen Haltung wird vor allem das sogenannte Raufutter verfüttert, also Gras, Klee und Heu, während in konventionellen Betrieben Silage zum Einsatz kommt. Durch die Weidehaltung im Sommer haben Bio-Kühe in dieser Zeit direkten Zugang zu frischem Grünfutter. Auf die vorbeugende Gabe von Medikamenten (zum Beispiel Antibiotika) und den Einsatz von Gentechnik wird in Bio-Milchbetrieben verzichtet.

Die artgerechte und nachhaltige Tierhaltung hat auch einen Einfluss auf die Qualität der Milch bzw. auf ihre Wertigkeit und ihren Geschmack. Denn die Milch enthält einen größeren Anteil hochwertiger Omega-3-Fettsäuren, die für den menschlichen Körper besonders wertvoll sind. Eine wichtige Rolle für unsere Gesundheit spielt das Verhältnis der Omega-3- und Omega-6-Fettsäuren. Ist der Anteil der Omega-6-Fettsäuren zu hoch, wirkt sich das negativ aus. Bei Bio-Milch ist das Verhältnis zwischen den beiden Fettsäuren sehr viel besser als bei der Milch aus konventioneller Tierzucht, da das verfütterte Gras einen höheren Anteil an Omega-3-Fettsäuren hat als Silofutter. Unsere Gesundheit profitiert also, wenn die Kühe artgerecht gehalten werden – sprich: wenn sie glücklich sind.

Was ist Heumilch?

Immer häufiger findet man im Supermarkt Milchpackungen, die als Heumilch beworben werden. Doch was versteht man eigentlich darunter? Heumilch stammt von Kühen, die noch auf traditionelle Weise gefüttert werden. Im Winter bekommen sie Heu als Raufutter und im Sommer fressen sie auf der Weide oder Alm Gräser und Kräuter. Dank der langfaserigen Struktur regt Heu die Wiederkäuertätigkeit an. Diese Milch ist meist teurer als „normale", denn die Heufütterung ist aufwendig und witterungsabhängig. Der Begriff „Heumilch" garantiert aber nicht, dass die Milch von ökologisch arbeitenden Bauernhöfen kommt. Wer Bio-Qualität möchte, sollte Heumilch mit Bio-Siegel kaufen.

NACHHALTIGE LANDWIRTSCHAFT

Geben Kühe das ganze Jahr Milch?

Dank moderner Züchtungspraktiken gibt eine Milchkuh heute gut sieben Monate im Jahr Milch. Aber nur dann, wenn sie vorher ein Kalb geboren hat.

Allerdings bekommt das neugeborene Kälbchen in der heutigen Milchkuhhaltung kaum etwas von dieser Milch ab. Stattdessen wird es bereits nach wenigen Tagen vom Muttertier getrennt und mit Milchersatzprodukten ernährt. Da das Muttertier aber weiterhin Milch produziert, und zwar über die gesamte natürliche Säugeperiode, wird die Kuh mithilfe einer Melkmaschine gemolken. Der von der Maschine erzeugte pulsierende Unterdruck imitiert das Saugen des Jungtieres am Euter. Durch die Wegnahme des Kalbes beschleunigt man außerdem die Fortpflanzungsbereitschaft der Kuh. Zwei bis drei Monate nach dem Kalben wird die Hochleistungskuh erneut künstlich besamt. Nur so kann die fortlaufende Milchproduktion gewährleistet werden.

RESSOURCENVERBRAUCH UND KLIMASCHUTZ

Wie steht es um den ökologischen Fußabdruck von Milch?

Die CO_2-Bilanz von Milch und Milchprodukten ist ziemlich schlecht. Ungefähr 85 Prozent des ökologischen Fußabdrucks kommen daher, dass bei der Rinderzucht sehr viel Methan produziert wird und die CO_2-Emissionen sehr hoch sind. Darüber hinaus spielen Transport und Kühlung ebenfalls eine wichtige Rolle für die Klimabilanz. Indem wir Milch aus regionaler Produktion kaufen, können wir etwas für den Klimaschutz tun, denn dadurch verringert sich der CO_2-Ausstoß beträchtlich. Hinsichtlich der Klimabilanz ist Sojamilch eine gute Alternative zu Kuhmilch. Allerdings bringt

auch sie negative Begleiterscheinungen mit sich (siehe Seite 189).

HOMOGENISIERT, PASTEURISIERT, ULTRAHOCHERHITZT – WAS HEISST DAS EIGENTLICH?

Im Handel erhältliche Frischmilch ist immer pasteurisiert, meistens auch noch homogenisiert. Doch was bedeuten diese Verfahren und weshalb werden sie angewandt? Da der Verkauf von Rohmilch aus hygienischen Gründen nicht erlaubt ist, durchläuft die Milch nach der Anlieferung im Milchhof verschiedene Produktionsschritte. Durch Erhitzen werden nicht nur krankheitserregende Keime abgetötet, sondern auch die Haltbarkeit wird so verlängert. Angewendet werden verschiedene Verfahren:

● Durch das Pasteurisieren erhält man Frischmilch, die kühl gelagert werden muss. Es gibt die Kurzzeiterhitzung (15–30 Sekunden bei 72–75 Grad), das Hocherhitzen (85 Grad) und die Dauererhitzung (30–32 Minuten bei 62–65 Grad).

● Beim Ultrahocherhitzen wird die Milch etwa zwei Sekunden auf 135–140 Grad erhitzt. So entsteht H-Milch, die ungekühlt mehr als acht Wochen haltbar ist. Die Erhitzung hat keine Auswirkungen auf die Konzentration der meisten Vitamine und von Kalzium, allerdings verringert sich der Gehalt an Folsäure und Vitamin B12. Im Anschluss an die Wärmebehandlung wird die Milch oft homogenisiert. Das Homogenisieren verhindert, dass sich an der Oberfläche der Milch eine Rahmschicht bildet. Durch hohen Druck (150–300 bar) werden die Fettmoleküle der Milch zerkleinert, damit sie sich besser verteilen. Homogenisierte Milch ist in der Regel leichter verdaulich. So wie Frischmilch ist auch H-Milch in Bio-Qualität erhältlich.

Palatschinken mit Honig-Weinschaum und Erdbeeren

Für 4 Personen

FÜR DIE PALATSCHINKEN
50 g Mehl
100 g Milch
1 Ei
1 Prise Salz

FÜR DEN HONIG-WEINSCHAUM
3 Eigelb
60 g Honig

50 g Weißwein
2 Blatt Gelatine
1 Zitrone, Saft
200 g Sahne

FÜR DIE MARINIERTEN FRÜCHTE
200 g Erdbeeren
Zucker
Zitronensaft

ZUM ANRICHTEN
Staubzucker
Erdbeercoulis (siehe Tipp)
Minze
Schokoladenraspel

ZUBEREITUNG | Mehl, Milch, Eier, Salz und Zucker zu einem glatten Teig verrühren. In einer beschichteten Pfanne bei mittlerer Hitze 8 Palatschinken backen. Eigelb und Honig gut verrühren, Weißwein dazugeben und auf dem Wasserbad (85 Grad) schaumig aufschlagen. Die Gelatine in kaltem Wasser einweichen, gut ausdrücken und im Honig-Weinschaum auflösen. Mit Zitronensaft abschmecken und Masse eventuell durch ein Sieb passieren. Im Kühlschrank 30 Minuten auskühlen lassen. Sahne steif schlagen und unter den kalten Honig-Weinschaum heben.
Den Honig-Weinschaum auf die Palatschinken geben, fest einrollen und kalt stellen.
Erdbeeren putzen, waschen und mit Zucker und Zitronensaft marinieren.

ANRICHTEN | Die Palatschinken halbieren und mit marinierten Erdbeeren auf Tellern anrichten. Mit Staubzucker bestreuen und mit Erdbeercoulis, Minze und Schokoladenraspeln garnieren.

TIPP | Für die Erdbeercoulis pürieren Sie 100 g gewaschene und geputzte Erdbeeren mit etwas Zucker und streichen das Püree durch ein feines Sieb.

➔ Eier: S. 90 | Erdbeeren: S. 170 | Honig: S. 145 | Kakao und Schokolade: S. 174 | Milch: S. 166 | Wein: S. 40

ERDBEEREN

GESUNDHEIT

Sind Erdbeeren gute Vitamin-C-Spender?

In Erdbeeren stecken etwa 90 Prozent Wasser, kaum Fette, aber eine Reihe sekundärer Pflanzenstoffe, die gesundheitsfördernd wirken, und viel Vitamin C. Ihr Vitamin-C-Gehalt liegt bei 65 Milligramm pro 100 Gramm und ist damit sogar viel höher als bei Orangen. Frische Erdbeeren sind sehr gesund, aber sind das auch alle Produkte, die nach Erdbeeren schmecken? Nein, denn oft gaukelt uns z. B. Erdbeerjoghurt vor, er würde frische Früchte enthalten, obwohl er seinen Geschmack künstlichen Aromastoffen verdankt. Bei der Menge an

Erdbeerprodukten verwundert es nicht, dass die gesamte Erdbeerernte der Welt nur fünf Prozent des amerikanischen Bedarfs decken würde. Das heißt also, dass im Erdbeerjoghurt oft gar keine Erdbeeren sind.

ÖKOEFFEKTIVITÄT UND KREISLAUFWIRTSCHAFT

Gartenerdbeeren im Winter, wie geht das?

Wenn Sie auch im Winter Erdbeeren aus Ihrem Garten genießen möchten, sollten Sie sie im Sommer einfrieren. Zwar sind sie nach dem Auftauen recht weich und nur bedingt für Kuchen oder Obstsalat geeignet, aber Sie können daraus Cremes, Eis oder Smoothies machen.

RESSOURCENVERBRAUCH UND KREISLAUFWIRTSCHAFT

Wie nachhaltig ist es, zur Weihnachtszeit frische Erdbeeren zu kaufen?

Frische Erdbeeren, die außerhalb der eigentlichen Saison in Gewächshäusern gezüchtet werden oder als Importware in die Geschäfte kommen, sind nicht

WUSSTEN SIE, DASS …
… Erdbeeren botanisch gesehen eigentlich Nüsse sind?

Erdbeeren gehören vom botanischen Standpunkt aus zu den Sammelnussfrüchten. Das, was wir so süß und lecker finden, ist nur der Fruchtboden. Die eigentlichen Früchte sind die kleinen grüngelben Nüsschen auf der Oberfläche der Scheinfrucht.

gerade klimafreundlich. Die Zahlen über die verursachten CO_2-Emissionen illustrieren das sehr eindrucksvoll: Bei den importierten Erdbeeren liegen die CO_2-Äquivalente bei sieben Kilogramm, bei saisonalen und regionalen Erdbeeren hingegen nur bei 0,6 Kilogramm.
Die meisten Erdbeeren werden aus Südspanien importiert. Dort wird der Wasserbedarf der Produktion häufig mithilfe illegaler Brunnen gedeckt, die den klimatisch bedingten chronischen Wassermangel in der Region noch weiter befeuern. Nach Einschätzung der EU-Kommission wird sich der Wassernotstand rund um das Mittelmeer bis zur Mitte des Jahrhunderts massiv verschlimmern.

Auch in Marokko, Griechenland und Italien wird sehr viel Süßwasser für die Landwirtschaft verbraucht. In Marokko sind das beispielsweise 80 bis 90 Prozent. Als Folge sinkt dort seit 1969 der Grundwasserspiegel um 1,5 Meter pro Jahr.

Wenn Sie etwas für den Klimaschutz tun wollen, kaufen sie Erdbeeren nur zur Erdbeerzeit – also von Ende Mai bis Mitte September – und greifen Sie im Winter zu tiefgekühlten oder anderweitig konservierten Früchten.

EXKURS

KÜNSTLICHE LEBENSMITTELAROMEN

Den meisten Lebensmitteln, die wir täglich zu uns nehmen, werden künstliche oder natürliche Aromastoffe zugesetzt. Hauptsächlich, weil die intensive industrielle Verarbeitung der landwirtschaftlichen Produkte dazu führt, dass sie ihren Geschmack verlieren. Die Aromen sollen Abhilfe schaffen und einen natürlichen Geschmack der Lebensmittel vortäuschen. Allerdings hat der Einsatz solcher Aromen zwei problematische Nebeneffekte: Sie verfälschen einerseits den Geschmack und erschaffen andererseits Lebensmittel, die wohlschmeckend, aber für unsere Gesundheit wertlos sind. Eigentlich soll uns unser Geschmack dabei helfen, die Qualität der verzehrten Lebensmittel zu überprüfen. Mit ihm entscheiden wir, was wir essen und was lieber nicht. Die künstlichen Aromastoffe verfälschen nun aber den Geschmack, sodass wir uns nicht mehr auf ihn verlassen können. Außerdem gaukelt uns ein Wohlgeschmack vor, dass das Lebensmittel besonders wertvoll ist. Deutlich wird dies am Beispiel von Erdbeerjoghurt, der statt echter Erdbeeren nur künstliches Erdbeeraroma enthält und dementsprechend keine der natürlichen und gesundheitsfördernden Eigenschaften hat, die echte Früchte für unseren Organismus hätten.

Kakaopalatschinken mit Bananen, Datteln und Kakaosorbet

Für 4 Personen

FÜR DIE PALATSCHINKEN
25 g Mehl
5 g Kakaopulver
120 g Milch
1 Ei

FÜR DIE BANANEN
2 Bananen
Zucker
Butter

FÜR DAS KAKAOSORBET
250 g Wasser
60 g Zucker
25 g ungesüßtes Kakao-
* pulver*
100 g Schokolade (70 %),
* zerkleinert*
30 g Sauerrahm
1 EL Pernod

ZUM ANRICHTEN
8 Datteln, halbiert oder
* geviertelt*

ZUBEREITUNG | Für den Palatschinkenteig Mehl und Kakao gut vermischen. Milch und Ei zugeben und zu einem geschmeidigen Teig verrühren. In einer beschichteten Pfanne (18 cm) dünne Palatschinken backen.
Die Bananen schälen, in Scheiben schneiden und in Zucker und Butter leicht karamellisieren lassen.
Wasser und Zucker aufkochen. Kakaopulver, Schokolade, Sauerrahm und Pernod zugeben und vermischen. In der Eismaschine gefrieren lassen.

ANRICHTEN | Palatschinken auf Teller geben und mit karamellisierten Bananen und Datteln belegen. Mit Kakaosorbet und Karamell von den Bananen garnieren.

Bananen: S. 140 | Butter: S. 58 | Eier: S. 90 | Exotische Früchte: S. 159 | Kakao und Schokolade: S. 174 | Milch: S. 166

KAKAO UND SCHOKOLADE

GESUNDHEIT

Ist Schokolade gleich Schokolade?

Bei Schokolade unterscheidet man je nach Kakaogehalt die Sorten Milchschokolade, Zartbitter- und Bitterschokolade. Weiße Schokolade enthält nur Kakaobutter, aber keinen reinen Kakao, es handelt sich hier eigentlich nicht um Schokolade im engeren Sinn.

Bitterschokolade hat einen Kakaoanteil von mindestens 60 Prozent, die restlichen Zutaten der dunklen Schokolade sind Kakaomasse, Zucker und Kakaobutter. Im Gegensatz dazu enthält Vollmilchschokolade mehr Zucker und dafür weniger Kakao und Kakaobutter. Dunkle Schokolade ist besonders reich an Flavanolen, die eine positive Wirkung auf unser Herz und unsere Gefäße haben, und an antioxidativ wirkenden Bitterstoffen.

Schokolade und Kakao gelten allgemein als Seelentröster, das liegt an den Wirkstoffen Theobromin und Theophyllin, die das zentrale Nervensystem stimulieren und aufheiternd wirken.

Allerdings stimmt das nur für Schokolade mit einem Kakaoanteil von mehr als 70 Prozent, weiße Schokolade bzw. Milchschokolade haben dagegen kaum positive Auswirkungen auf unser Wohlbefinden.

HERKUNFT, REGIONALITÄT, SAISONALITÄT

Wo wächst der Kakao für unsere Schokolade?

Kakao wächst im tropischen Regenwald nördlich und südlich des Äquators, also in Afrika und Südamerika. Die meisten Kakaobohnen kommen heute aus Afrika. Da Kakaobäume Schattengewächse sind und keine pralle Sonne lieben, ist ein Sonnenschutz sehr wichtig. Dafür werden zwischen die Bäume Schattenpflanzen gesetzt, zum Beispiel Bananen oder Kokospalmen, die ebenfalls Erträge liefern. Durch diese Anbauweise, die meist von Kleinbauern betrieben wird, sind die Kakaobäume weniger anfällig für Schädlinge und Krankheiten und es müssen keine Pestizide eingesetzt werden. Diese Art des Anbaus ist daher besonders gut für die

ökologische Kakaoproduktion geeignet. Auf den großen Plantagen, in Afrika und Südamerika, stehen die Kakaobäume dicht gedrängt. Pestizide müssen hier die Gefahr von Krankheiten bzw. Schädlingen bannen und Dünger muss die Böden aufbereiten. Statt schattenspendender Bäume werden Netze eingesetzt, die Tiere, wie zum Beispiel Mücken, fernhalten. Da so keine natürliche Bestäubung möglich ist, müssen die Kakaobäume von Menschenhand bestäubt werden. Bis ein Kakaobaum die ersten Erträge liefert, dauert es fünf bis sechs Jahre. Wenn diese nach 25 Jahren zurückgehen, werden die alten Bäume auf den Plantagen durch neue ersetzt.

SOZIALE GERECHTIGKEIT UND FAIRE PREISE

Welcher Zusammenhang besteht zwischen Schokolade und Kinderarbeit?

Kakao, der Rohstoff für unsere Schokolade, wird in Westafrika auch von Kindern produziert. Rund 40 Prozent des weltweit gehandelten Rohkakaos kommen von westafrikanischen Kakaofarmen, auf denen laut einer Studie des International Institute of Tropical Agriculture mehr als 250.000 Kinder arbeiten. Schuld an diesem Zustand ist der niedrige Weltmarktpreis für Kakao. Die Kakaobauern greifen, um billiger produzieren zu können, auf Kinderarbeit zurück. Viele Kinder, die auf Kakaoplantagen arbeiten, werden von Menschenhändlern in Mali, Benin oder Togo gekauft und an Arbeitgeber in den Nachbarländern vermittelt. Als Verbraucher können Sie einen Beitrag zum Kampf gegen diese Form der modernen Kindersklaverei leisten. Achten Sie beim Kauf von Schokolade auf das Fair-Trade- oder UTZ-Siegel.

RESSOURCENVERBRAUCH UND KLIMASCHUTZ

Weshalb wird bei der Schokoladenherstellung Palmöl verwendet?

Palmöl ist ein Pflanzenfett, das aus den Früchten der Ölpalme stammt. Es ist nicht nur in Schokolade enthalten, sondern auch in vielen anderen Produkten wie Müsli, Seife, Cremen bzw. Kosmetika und Fertigprodukten. Außerdem wird Palmöl zur Gewinnung von Biodiesel verwendet. Nach Schätzungen des WWF enthält mehr als die Hälfte der im Supermarkt verkauften Produkte in irgendeiner Form Palmöl. Um den Bedarf an Palmöl zu decken, der

für alle diese Produkte gebraucht wird, werden in Südostasien und Afrika immer mehr Palmöl-Plantagen angelegt. In Indonesien und Malaysia wurden zu diesem Zweck in den letzten Jahren viele Hektar Regenwald gerodet. Die ökologischen Folgen sind verheerend. So haben die Orang-Utans auf Sumatra durch die Abholzungen in den letzten 20 Jahren bereits 40 Prozent ihres Lebensraums verloren. Die Umwandlung tropischer Regenwälder in Palmöl-Plantagen vernichtet die Biodiversität und verändert die Funktionalität des Ökosystems. Da Palmöl-Plantagen außerdem einen extrem hohen Ausstoß an Methan haben – die jährliche CO_2-Emission einer Plantage liegt über dem CO_2-Ausstoß von 22.000 Autos im selben Zeitraum –, wird Palmöl zum Klimakiller. Darüber hinaus gibt es aber

auch gravierende soziale Folgen für die lokale Bevölkerung. Sie wird von ihrem Land bzw. aus ihren Dörfern vertrieben. Die einzige Alternative, die ihr bleibt, ist die Annahme einer schlecht bezahlten Beschäftigung auf den Plantagen.

2004 wurde daher ein Runder Tisch für nachhaltiges Palmöl (RSPO, Roundtable on Sustainable Palm Oil) gegründet, der sich dafür einsetzt, dass bestimmte Mindeststandards beim Anbau eingehalten werden müssen. Diese betreffen vor allem die Waldrodung, den Tier-, Wasser- und Bodenschutz, aber auch die Arbeitsbedingungen (z. B. zur Kinderarbeit) sowie die Unterstützung lokaler Gemeinschaften. Seit 2014 müssen in der EU Lebensmittel, in denen Palmöl enthalten ist, gekennzeichnet werden.

Gewürznelken

Sternanis

Zimtstangen

Lorbeerblätter

Fenchelsamen

Muskatnuss

Wacholderbeeren

Walnüsse

Amarettokekse

Anis

Haselnüsse

Wasser

Rote Linsen

Himalayasalz

Sonnenblumenöl

Berglinsen

feines Salz

Grüne Linsen

Olivenöl

Roter Apfelsaft

Roggenmehl

Buchweizenmehl

Hartweizenspaghetti

Tomatenmark

Gemüsefond

Weizenmehl

Industriezucker

Brauner Zucker

Reis

Zwiebel

Knoblauch

Grobes Salz

DIE SPEISEKAMMER

Weißes Polentamehl

Gelbes Polentamehl

Hartweizengrieß

Getrocknete Kräuter

Senf

Meerrettich

Kartoffelmehl

Pelati

SPEISEKAMMER

MEHL

VIELFALT UND DIVERSITÄT

Ist Mehl gleich Mehl?

Wenngleich Weizenmehl heute am weitesten verbreitet ist, so gibt es doch auch Mehl aus anderen Getreidesorten. Die Bewahrung alter Getreidesorten und -pflanzen wie Dinkel, Emmer oder Kamut ist besonders wichtig, da diese traditionellen Sorten normalerweise optimal an lokale Bedingungen angepasst sind. Sie sind oft resistenter gegenüber Schädlingen und/oder kommen besser mit Wasserknappheit zurecht.

→ Weizenmehl enthält viel Stärke und das Klebereiweiß Gluten, das dafür sorgt, dass der Teig gut bindet. Weizenmehl eignet sich aus diesem Grund gut zum Backen. Häufig wird es mit anderen Mehlsorten vermischt, die nicht so gute Backeigenschaften haben.

→ Hartweizenmehl ist eine Sonderform des Weizens. Es hat einen deutlich höheren Gehalt an Kleberproteinen als Weichweizen. Zum normalen Brotbacken eignet sich Hartweizen aufgrund seiner glasigen und harten Struktur nicht. Das Mehl findet hauptsächlich in der Grieß- und Nudelherstellung Verwendung.

→ Emmermehl wird aus einer mit dem Weizen verwandten Getreidesorte hergestellt. Emmer zeichnet sich durch einen hohen Mineralstoffgehalt aus.

→ Kamutmehl wird aus einer Weizensorte produziert, die schon im alten Ägypten angebaut wurde. Aufgrund der nahrhaften Getreidebasis enthält es mehr Eiweiß, Vitamine und Mineralstoffe als Weizenmehl. Außerdem besitzt es gute Klebereigenschaften und eignet sich hervorragend zum Backen.

→ Roggenmehl enthält mehr Mineralstoffe als Weizen, jedoch weniger Eiweiße und ist nicht besonders backfähig. Roggenbrote sind dafür länger haltbar.

→ Dinkelmehl gilt als besonders schadstoffarm, weil Dinkel resistenter gegen Krankheiten ist als Weizen und bei seinem Anbau weniger Pestizide eingesetzt werden.

→ Maismehl wird zum Beispiel für die Herstellung von Polenta, Tortillas oder Fladenbrot verwendet. Es hat eine strahlend gelbe Farbe.

→ Buchweizenmehl enthält viele Mineralstoffe und wertvolles Eiweiß, allerdings kein Gluten. Wegen seiner geringen Klebefähigkeit eignet sich das Mehl nicht zum Brotbacken. Zu Waffeln oder Pfannkuchen kann man es gut verarbeiten.

Welche Mehltypen enthalten die meisten Mineralstoffe und Vitamine?

Mehlsorten unterscheiden sich zum einen in der verwendeten Getreidesorte und zum anderen im Grad der Vermahlung. Je höher der Ausmahlungsgrad des Korns ist, desto mehr Keim- und Schalenanteil sind darin enthalten. Das heißt, je höher der Ausmahlungsgrad, desto höher ist die Mehltype, die auf der Verpackung angegeben wird. Mehl mit einer hohen Typenzahl ist dunkler und enthält mehr Mineralstoffe und Vitamine. Die Typisierung von Mehl ist nicht in allen Ländern gleich. In Deutschland gelten die DIN-Normen, während in Österreich andere Typen gelten und das Mehl auch nach der Korngröße (glatt, universal, griffig und doppelgriffig) unterteilt wird. In Italien und der Schweiz wird Mehl nach seinem Mineralstoffgehalt typisiert. Am häufigsten wird Weizenmehl Typ 405 (in Italien 00) im Haushalt verwendet. Es enthält etwa 405 Milligramm Mineralstoffe in 100 Gramm Mehl, Typ 1050 hingegen hat ungefähr 1.050 Milligramm Mineralstoffe in 100 Gramm Mehl. Vollkornmehl und Vollkornschrot unterliegt nicht der Typisierung, da das Produkt alle Bestandteile der gereinigten Körner enthalten muss.

ZUCKER

Sind zuckerfreie Produkte besser für die Figur?

Die meisten zuckerfreien Nahrungsmittel enthalten künstliche Süßstoffe und Geschmacksverstärker, die oft nur eingeschränkt bei der Regulierung des Körpergewichts helfen. Der Körper schüttet bei süßen Geschmacksreizen Insulin aus, um den Zucker, der dem Körper zugeführt wird, abzubauen. In der Folge sinkt der Blutzuckerspiegel. Wenn nun aber kein Zucker aufgenommen wird, sondern synthetische Süßstoffe, verursacht der anhaltend niedrige Blutzuckerspiegel ein Hungergefühl, auf das der Mensch früher oder später mit der Aufnahme zusätzlicher Kalorien reagiert. Dadurch wird die eigentlich anvisierte Kalorieneinsparung hinfällig.

VIELFALT UND DIVERSITÄT

Welcher Zucker verbirgt sich hinter den verschiedenen Zuckerarten?

Haushaltszucker (Kristall- bzw. weißer Zucker) wird mittels mechanischer und chemischer Verfahren aus Zuckerrüben oder Zuckerrohr gewonnen. Er besteht ausschließlich aus Saccharose. Seine weiße Farbe erhält der Zucker durch die als Raffination bekannten zahlreichen Reinigungsvorgänge, die er durchläuft. Weil die in den Zuckerrüben enthaltenen Mineralien und Vitamine bei der Raffination verloren gehen, nennt man den auf diese Weise gewonnenen Zucker auch Industriezucker. Brauner Zucker wird im Gegensatz zu weißem Zucker nicht entfärbt. Er enthält Melasse, die für die braune Farbe verantwortlich ist. Mit der Melasse bleiben auch geringe Mengen an Mineralien und Vitamine im Zucker. Allerdings sind sie so minimal, dass man daraus nicht schlussfolgern kann, dass dieser Zucker gesünder wäre als weißer. Brauner Zucker kann aus Zuckerrohr oder Zuckerrüben hergestellt werden.

Rohrzucker, also Zucker aus Zuckerrohr, lässt sich in Rohrohrzucker und Vollrohrzucker unterscheiden. Rohrohrzucker wird zum Teil raffiniert, während Vollrohrzucker nicht raffiniert wird. Aufgrund der geringen maschinellen und chemischen Behandlung ist Vollrohrzucker der Zucker mit den meisten Mineralstoffen. Wenn man bei Zucker überhaupt von gesund reden will, kann man diesem Zucker das Attribut gesund verleihen. Aber auch hier gilt: Zucker sollte immer nur in Maßen genossen werden!

Glukose wird landläufig als Traubenzucker bezeichnet und häufig aus Mais gewonnen. Gelierzucker besteht zum Großteil aus Saccharose, die mit einem Geliermittel (Pektin) und Konservierungsstoffen (Zitronensäure) gemischt wird.
Bei den meisten Gerichten kann man den weißen oder braunen Zucker durch verschiedene natürliche Süßstoffe ersetzen. Alternativen sind: Ahornsirup, Honig, Stevia, Zuckerrübensirup oder Agavendicksaft, allerdings sind diese Stoffe anders zu dosieren als Zucker.

SOZIALE GERECHTIGKEIT UND FAIRE PREISE

Wie sehen die wirtschaftlichen Bedingungen der Zuckerrohrproduzenten aus?
Die wirtschaftlichen Bedingungen der bäuerlichen Zuckerrohr-

und Zuckerrübenproduzenten in den Entwicklungsländern sind problematisch. Die starken Schwankungen der Weltmarktpreise und die Subventionen für die Zuckerindustrie in den Industriestaaten befeuern die Konkurrenz künstlich und stellen die Kleinbauern vor große Schwierigkeiten. Indem Sie Zucker aus dem fairen Handel kaufen, können Sie zur Verbesserung der wirtschaftlichen Bedingungen der Zuckerproduzenten beitragen!

VANILLE

HERKUNFT, REGIONALITÄT, SAISONALITÄT

Wo und wie wird Vanille angebaut?
Vanille zählt wegen seiner aufwendigen Produktion zu den teuersten Gewürzen der Welt.

QUALITÄTSMERKMALE VON VANILLESTANGEN

Eine hochwertige Vanillestange ist elastisch und von eher lederartiger Beschaffenheit, sie darf nicht hart und vertrocknet sein. Ein Qualitätsmerkmal ist die Länge der Schote, die bis zu 25 cm betragen kann. Grundsätzlich gilt: je länger, desto besser. Hochwertige Vanillestangen erkennt man auch an den unregelmäßig auf der Stange verteilten Vanillinkristallen, die von der Stange ausgeschwitzt werden. Falls die Kristalle gleichmäßig verteilt sind, kann man davon ausgehen, dass die Vanillestangen nachträglich mit synthetischen Kristallen besprüht wurden, um den Verbraucher zu täuschen.

Vanilleschoten sind die Früchte einer Orchidee, die ursprünglich aus Mexiko stammt. Heute kommen mehr als 70 Prozent der Vanille aus Madagaskar, das sind etwa 1.000 Tonnen jährlich. Angebaut wird Vanille außerdem noch auf Tahiti, der Insel Réunion, die früher Île Bourbon hieß und zum Namensgeber für die Bourbon-Vanille wurde, und anderen Inseln im Indischen Ozean. In diesen Ländern müssen die gelben Blüten von Hand bestäubt werden, denn nur im Ursprungsland Mexiko lebt eine Bienen- und Kolibriart, die diese Arbeit übernimmt. Neun Monate nach der Befruchtung der Blüten ist die Vanilleschote reif, allerdings ist sie noch grün und riecht nach gar nichts. Ihren Geruch und Geschmack erhält sie erst durch einen langwierigen Trocknungsprozess.

GESUNDHEIT

Was ist Vanillin und woran erkennt man es?

Obwohl die Herstellung von Vanille so aufwendig und teuer ist, schmecken und riechen unzählige Lebensmittel nach Vanille. Die Erklärung dafür ist ganz einfach: Statt hochwertiger Vanille wird Vanillin verwendet. Vanillin ist ein synthetischer Ersatzstoff, der inzwischen zum weltweit am häufigsten verwendeten Aromastoff avanciert ist. Er steckt in fast allen Süßigkeiten und Süßspeisen, zum Beispiel in Schokolade, Kuchen, Gebäck und Speiseeis. Ein Großteil dieses Vanillins wird als Nebenprodukt der Papierherstellung unter hohen Temperaturen und hohem Druck aus Sulfitabfällen gewonnen.

Beim Verzehr großer Mengen Vanillin kommt es zu sinkender Konzentrationsfähigkeit und Nervosität. Außerdem steigert es den Appetit. Die Nahrungsmittelindustrie versetzt bereits Babynahrungsprodukte mit dem Aromastoff, um dadurch die Grundlage für einen positiven Wiedererkennungseffekt zu schaffen. Auf diese Weise wird der Mensch so konditioniert, dass er auch in seinem späteren Leben Nahrungsmittel mit Vanillin als besonders schmackhaft empfindet.

Manche Lebensmittel werden überhaupt erst durch den Zusatz von Vanillin genießbar. Häufig verwenden Nahrungsmittelproduzenten diesen Stoff, um den Geschmack minderwertiger Zutaten zu überdecken, aus denen sie ihre Produkte hergestellt haben. Die Tabelle verrät, was die Begriffe auf den Lebensmitteletiketten bedeuten:

KENNZEICHNUNG	ANFORDERUNG AN DAS PRODUKT
mit Bourbon-Vanille	ausschließlich mit Vanille von den Bourbon-Inseln (das sind La Réunion, Madagaskar, die Komoren und die Seychellen) hergestellt
mit echter Vanille/mit Vanille	enthält natürliche Vanille
mit Vanille-Extrakt/ mit natürlichem Vanillearoma	enthält natürliches Vanillearoma
mit Vanillegeschmack	chemisch-synthetisches oder biotechnologisch gewonnenes Vanillearoma

ÖKOEFFEKTIVITÄT UND KREISLAUFWIRTSCHAFT

Was macht man mit der Schale, wenn man nur das Vanillemark benötigt?

Die Schale ausgekratzter Vanilleschoten muss man nicht wegwerfen! Geben Sie sie zusammen mit Zucker einige Tage in ein fest verschlossenes Schraubglas. So erhalten Sie erstklassigen Vanillezucker – ganz ohne Vanillin!

SOZIALE GERECHTIGKEIT UND FAIRE PREISE

Was beeinflusst den Preis von Vanille?

Die Vanilleherstellung ist extrem aufwendig. Nach der Bestäubung und der Ernte beginnt die arbeitsintensive Verarbeitung, die mehrere Monate dauern kann. Der Vanillepreis ist durch die starke Nachfrage und den Rückgang der Vanilleproduktion in den letzten Jahren von 25 Euro auf 400 Euro pro Kilo gestiegen. Grund dafür sind einerseits Ernteausfälle im Hauptanbauland Madagaskar, aber auch die Rohstoffspekulationen an der Börse. Die extremen Preisschwankungen führen dazu, dass die Vanillebauern in schlechten Jahren von weniger als einem Dollar pro Tag leben müssen. Durch den Kauf von Fair-Trade-Vanille können Sie mithelfen, die Lage der Kleinbauern zu verbessern.

KAFFEE UND TEE

HERKUNFT, REGIONALITÄT, SAISONALITÄT

Woher kommen Kaffee und Tee?

Kaffee wird in über 50 tropischen und subtropischen Ländern angebaut, z. B. in Äthiopien, Brasilien und Costa Rica. Kaffeepflanzen stellen sehr hohe Ansprüche an ihre Umwelt, das heißt, die geografischen Bedingungen – also Windstärke, Sonneneinstrahlung, Niederschlag, Bodenbeschaffenheit und Umgebungstemperatur – müssen genau zur jeweils angebauten Sorte passen. Nur so können eine gute Qualität und hohe Erträge bei der Kaffeeernte erzielt werden.

Auch Tee wird weltweit in etwa 30 verschiedenen Ländern angebaut, unter anderem in China, Sri Lanka, Indien, Kenia, Malawi, Uganda, Argentinien, der Türkei und Georgien.

GESUNDHEIT

Welche Wirkung haben Kaffee und Tee auf unseren Körper?

Kaffee und Tee enthalten Koffein, das eine leistungssteigernde und konzentrationsfördernde Wirkung auf den menschlichen Körper hat. Allerdings enthält eine Tasse Grün- oder Schwarztee nur etwa halb so viel Koffein wie die gleiche Menge Kaffee. Außerdem ist das Koffein im Tee zum Großteil an Gerbstoffe (Polyphenole) gebunden, sodass es der menschliche Körper nicht vollständig aufnehmen kann. Infolgedessen fällt die aufmunternde Wirkung von grünem bzw. schwarzem Tee sanfter aus als die von Kaffee, bei dem das Koffein schneller ins Blut geht und Adrenalin freisetzt. Je kürzer der Tee zieht, desto weniger Gerbstoffe lösen sich und das Koffein kann sich entfalten. Der Tee wirkt anregend. Je länger die Teeblätter ziehen, desto beruhigender wirkt der Tee. Schwarztee ist fermentierter grüner Tee. Durch das Fermentieren gehen jedoch viele natürliche Inhaltsstoffe verloren.

NACHHALTIGE LANDWIRTSCHAFT

Werden Kaffee und Tee in Monokulturen angebaut?

Kaffee oder Tee wird häufig mit den Methoden der intensiven Landwirtschaft erzeugt, das heißt in Monokulturen und unter entsprechend hohem Einsatz von Pestiziden und Dünger. Achten Sie beim Einkauf darauf, dass der Tee oder Kaffee aus biologischem Anbau stammt.

VIELFALT UND DIVERSITÄT

Worin unterscheiden sich grüner, schwarzer und weißer Tee?

Insgesamt gibt es sechs verschiedene Teesorten, die alle aus den Blättern der Camellia-Teepflanze gewonnen werden. Neben grünem, weißem und schwarzem Tee gibt es noch gelben, Oolong und Puh-Erh-Tee. Alle diese Sorten unterscheiden sich in den Herstellungsmethoden, also in der Weiterverarbeitung der frisch gepflückten Blätter. Wie beim Wein haben die klimatischen Bedingungen, neben der Verarbeitung, einen großen Einfluss auf den Geschmack und Charakter des Tees.

Weißer Tee ist die teuerste und edelste Sorte. Dafür werden im Frühling die noch ungeöffneten Knospen geerntet, die noch kein Chlorophyll ausgebildet haben. Nach dem Pflücken trocknen die Blätter 60 Stunden an der Luft bzw. werden zur Endtrocknung nur kurz erhitzt. Weißer Tee ist besonders mild.

Grüner Tee wird nach der Pflückung kurz erhitzt, geröstet oder gedämpft, sodass die Fermentation verhindert wird.

Schwarzer Tee entsteht erst durch die Fermentation der Teeblätter.

SOZIALE GERECHTIGKEIT UND FAIRE PREISE

Wie viel Menschen verdienen ihren Lebensunterhalt durch den Kaffeeanbau?

Weltweit verdienen mehr als 25 Millionen Menschen ihren Lebensunterhalt mit dem Anbau, der Verarbeitung oder dem Handel von Kaffee. Wenn man ihre Familien mitzählt, leben etwa 100 Millionen Menschen vom Kaffee. Die Kaffeebauern produzieren jährlich ungefähr 140 Millionen 60-Kilogramm-Säcke Kaffee. Kaffeebohnen, die erst im Verbrauchsland geröstet werden,

sind das Agrarerzeugnis, das zwischen Industrie- und Entwicklungsländern am meisten gehandelt wird. Es ist nach Erdöl der zweitwichtigste Exportrohstoff überhaupt.

Wird die gesamte weltweite Kaffeeproduktion an der Börse gehandelt?

Kaffee ist ein beliebtes Spekulationsobjekt der Rohstoffmärkte. Dort wird zehnmal mehr Kaffee gehandelt, als wirklich produziert wird. 60 Prozent der Transaktionen werden zu Spekulations- oder Investmentzwecken getätigt. Damit die Marktpreise entgegen dieser Tendenz stabil bleiben, werden zuweilen große Mengen Kaffee vernichtet.

Wer beherrscht den Kaffeemarkt?

Der Kaffeemarkt wird von einigen wenigen multinationalen Großkonzernen bestimmt. Drei Unternehmen (Nestlé, Kraft und Sara Lee) rösten zwei Fünftel der globalen Kaffeeernte und fünf Konzerne (Neumann, Vocafe, ECOM, Kraft und Nestlé) tätigen als Käufer oder Verkäufer 55 Prozent der Transaktionen auf dem Kaffeemarkt.

Wie können die Bedingungen für die Arbeiter auf den Kaffeeplantagen verbessert werden?

Die Arbeitsbedingungen auf den Kaffee- und Teeplantagen sind meist sehr schlecht. Die Teepflücker leben auf den Plantagen in großer Armut und Abhängigkeit, ihre Tätigkeit ist im Mittel eine der am schlechtesten bezahlten in der Landwirtschaft. Wenn Sie zu Kaffee und Tee aus fairem Handel greifen, helfen Sie mit, die Lebens- und Arbeitsbedingungen in den Anbauregionen zu verbessern.

GEWÜRZE

HERKUNFT, REGIONALITÄT, SAISONALITÄT

Welche Gewürzpflanzen wachsen bei uns?

Auch wenn viele Küchenkräuter bei uns heimisch sind, kommen die meisten Gewürze doch nicht aus Mitteleuropa. Etwa 90 Prozent der bei uns verbrauchten Gewürze werden importiert – meist aus dem Nahen Osten, Indien oder Südasien. Woher die einzelnen Gewürze kommen, hängt immer von der Sorte ab. Kümmel kommt hauptsächlich aus der Türkei, Kardamom und die Zutaten für Curry aus Indien und anderen tropischen Regionen, Safran aus dem Iran (aber auch aus Spanien) und Pfeffer aus Indonesien, Indien, Vietnam oder Brasilien. Nicht alle bei uns verwendeten Gewürze kommen aber aus warmen Ländern. So

sind beispielsweise Wacholderbeeren, die heute fast überall in Europa wachsen, eigentlich in nördlichen Breiten zu Hause.

GESUNDHEIT

Beeinflusst die Art und Weise, wie Gewürze haltbar gemacht werden, unsere Gesundheit?

Gewürze und Kräuter weisen häufig eine bedenklich hohe mikrobiotische Belastung auf, das heißt, sie sind mit Keimen verunreinigt, die Krankheiten verursachen können. Um diese Keime abzutöten, werden Gewürze bzw. Kräuter oft mit ionisierten Strahlen behandelt. Diese Strahlung führt nicht nur zum Absterben der Mikroorganismen, sondern sie verzögert auch die Reifungs- und Keimungsprozesse, wodurch die Haltbarkeit verlängert wird. In der EU und in zahlreichen Anbauländern ist diese Praktik legal, selbst wenn es einige Studien gibt, die auf die negativen Folgewirkungen der Bestrahlung hinweisen: Verlust der enthaltenen Vitamine (bis zu 80 %) und die Entstehung von Bakterienkulturen, die gegen die Strahlung resistent sind. In der Bio-Produktion ist der Einsatz ionisierender Strahlung prinzipiell verboten.

NACHHALTIGE LANDWIRTSCHAFT

Enthalten Gewürze Pestizidrückstände?

Wenn Kräuter- und Gewürzpflanzen konventionell angebaut werden, können sie mit unterschiedlichen Chemikalien belastet sein. In vielen Erzeugerländern gibt es keine oder nur unzureichende Kontrollen auf Schadstoffrückstände. Da die Pflanzenteile meist ungewaschen weiterverarbeitet werden, ist die Wahrscheinlichkeit einer Pestizidbelastung recht groß. Bei Kräutern und Gewürzen aus biologischem Anbau haben Sie die Gewähr, dass keine chemischen Pflanzenschutzmittel eingesetzt wurden.

VIELFALT UND DIVERSITÄT

Aus welchen Pflanzenteilen werden Gewürze gewonnen?

Zu Gewürzen werden Samen, Blüten, Blätter, Früchte, Wurzeln oder Rinden, die gemahlen oder im Ganzen verwendet werden.
→ Früchte und Samengewürze: Anis, Cayenne, Fenchel, Kardamom, Koriander, Kreuzkümmel, Kümmel, Macis, Muskat, Paprika, Pfeffer, Piment, Sternanis, Vanille, Wacholderbeeren
→ Blütengewürze: Kapern, Nelken, Safran
→ Blatt- und Krautgewürze: Basilikum, Bohnenkraut, Borretsch, Dill, Estragon, Kerbel,

Lorbeer, Majoran, Oregano, Rosmarin, Thymian
→ Rindengewürze: Zimt
→ Wurzel- und Zwiebelgewürze: Ingwer, Kurkuma, Meerrettich

Worin unterscheiden sich die einzelnen Zimtsorten?

Zimt wird aus der Rinde immergrüner Lorbeergewächse gewonnen. Der Gewürzhandel unterscheidet zwischen zwei Sorten: Ceylon-Zimt aus Teilen der Rinde des Echten Zimtbaums und Cassia-Zimt aus der Rinde des Chinesischen Zimtbaums. Während der aus Sri Lanka stammende Ceylon-Zimt ein feines, mildes und zurückhaltendes Aroma besitzt, ist der aus China stammende Cassia-Zimt aromatischer, würziger und leicht süß. Zimt kann man in Stangenform oder als Pulver kaufen. Für den europäischen Markt wird er fast immer zu Pulver vermahlen, da er hier vor allem zum Würzen von Süßspeisen verwendet wird. In Asien und im Vorderen Orient würzt man damit auch Fleischgerichte.

Wenn man gemahlenen Zimt kauft, lässt sich nicht genau sagen, um welche Sorte es sich handelt. Stangenzimt kann man dagegen sehr gut unterscheiden. Die teureren Ceylon-Stangen sind hell und bestehen aus vielen dünnen Schichten. Im Gegensatz dazu haben die billigeren Cassia-Zimtstangen eine dunklere Farbe und bestehen nur aus einem dicken Rindenstück. Cassia-Zimt enthält mehr Cumarin als Ceylon-Zimt. Dieser Inhaltsstoff kann, wenn er in größeren Mengen verzehrt wird, zu gesundheitlichen Problemen wie Kopfschmerzen, Leberproblemen oder sogar Krebs führen. Deshalb sollte man die für Erwachsene empfohlene Tagesdosis von 2 Gramm Zimt nicht überschreiten.

SOZIALE GERECHTIGKEIT UND FAIRE PREISE

Warum sind Gewürze so teuer?

Besonders tief in die Tasche greifen muss man für Safran, Vanille und Kardamom. Der hohe Preis resultiert aus der aufwendigen Handarbeit, die für die Produktion nötig ist. Ein Kilo Safran kann zum Beispiel mehrere Tausend Euro kosten. Das ist nicht verwunderlich, denn Safran wird aus den Blüten des Safran-Krokus gewonnen und jede Pflanze trägt nur ein bis zwei Mal. Die drei orangeroten Stempelfäden, die sich in der Blüte befinden, werden mit der Hand aus den Blüten geholt. Weil die Blüten nach drei Tagen verwelken und die Fäden unbrauchbar werden, muss die Ernte sehr schnell erfolgen. Für ein Kilogramm Safran braucht man 250.000 Safranfäden. Weil Gewürze so teuer sind, sollten Sie immer nur kleine Mengen davon kaufen – und möglichst im Ganzen (z. B. Pfefferkörner, Muskatnuss, Safranfäden), denn nicht gemahlene Gewürze behalten ihr typisches Aroma viel länger.

Wie erklären sich die Preisunterschiede bei Currymischungen?

Da Curry ein Mischgewürz ist und aus vielen verschiedenen einzelnen Gewürzen besteht, gibt es Currymischungen in verschiedenen Zusammensetzungen und Preislagen. Je höherwertig die Einzelgewürze, desto teurer die Mischung. Das Mischungsverhältnis der einzelnen Gewürze hängt von der Ursprungsregion und den dortigen Traditionen ab.

WELCHE GEWÜRZE GEHÖREN IN EINE CURRYMISCHUNG?

Curry können Sie ganz einfach selbst mischen. Sie brauchen dazu getrocknete Chilischoten, Koriander, Senfkörner, schwarzen Pfeffer, Bockshornklee, Ingwer, Kurkuma und Fenchelsamen. Alle Gewürze werden pulverisiert und gemischt. Sie können diese Basismischung selbstverständlich beliebig ergänzen.

GETROCKNETE KRÄUTER

HERKUNFT, REGIONALITÄT, SAISONALITÄT

Wann müssen Kräuter, die getrocknet werden sollen, geerntet werden?

Kräuter, die getrocknet werden sollen, werden dann geerntet, wenn sie am meisten Aroma entwickelt haben. Das ist oft vor oder während der Blüte der Fall. Bei der Ernte spielt – je nach Kraut – auch die Tageszeit eine Rolle: Manche Kräuter werden mit geschlossener, manche mit geöffneter Blüte gepflückt. Kräuter, die frisch verbraucht werden, werden gewöhnlich geerntet, solange das Kraut grün ist, also auch nach der Blüte oder wenn es gerade zu wachsen beginnt. Bei der Sammlung von Wildkräutern muss man sehr genau hinsehen, damit es nicht zu Verwechslungen mit giftigen Pflanzen kommt.

Wie trocknet man Kräuter selbst?

Am besten trocknet man die Kräuter im Dörrapparat. Man kann sie aber auch bündelweise an einem schattigen, zugluftfreien Ort aufhängen.

GESUNDHEIT

Was ist bei Teekräutern zu beachten?

Kräutertees werden bei verschiedenen gesundheitlichen Problemen als Hausmittel eingesetzt, zum Beispiel bei Erkältungen, Verdauungsstörungen oder leichten Atemwegserkrankungen. Damit die Kräuter ihre volle Wirkung entfalten können, müssen einige Dinge beachtet werden, zum Beispiel die Wassertemperatur und die Ziehzeit des Tees. Auch die Wasserqualität hat einen Einfluss, denn hartes Wasser blockiert die Geschmacks- und Aromastoffe des Tees – ideal ist ein Wert um 8 °dH.

Im Gegensatz zu normalen Kräuterteemischungen unterliegen Arznei- bzw. Heilpflanzentees bestimmten gesetzlichen Bestimmungen. Sie sind an der auf der Verpackung angegebenen Zulassungsnummer zu erkennen.

NACHHALTIGE LANDWIRTSCHAFT

Warum sind regional produzierte Kräuter besser?

Kräuter, die regional angebaut werden, werden meist auf kleinen, für den Anbau geeigneten Flächen und nach Bio-Kriterien produziert. Für Aufzucht, Ernte und Verarbeitung ist viel Handarbeit nötig. Beim industriellen Anbau werden die Kräuter unter Einsatz von Dünge- und Pflanzenschutzmitteln auf großen Flächen gepflanzt. Die Ernte erfolgt mit großen Maschinen, die wie Mähdrescher alle Pflanzen auf der ganzen Fläche ernten, nicht nur Blüten und junge Triebe, sondern auch ältere Blätter und Stiele. Die Kräuter werden im Schnellverfahren getrocknet, und zwar mit erheblichem Energieaufwand. Häufig werden den getrockneten Kräutern Farbstoffe, Aromen und Geschmacksverstärker zugesetzt.

SCHALENFRÜCHTE

HERKUNFT, REGIONALITÄT, SAISONALITÄT

Was sind Schalenfrüchte und wo kommen sie her?

Als Schalenfrüchte werden im Lebensmittelhandel essbare Nüsse und Kerne bezeichnet. Allen gemeinsam ist, dass sie eine äußere harte Schale haben und nur der Kern, der sich darin befindet, essbar ist. Schalenfrüchte sind beispielsweise Walnüsse, Pistazien, Haselnüsse, Cashewnüsse, Mandeln oder Esskastanien, aber auch Aprikosenkerne oder Kokosraspel. Während Hasel- und Walnüsse bei uns überall wachsen, brauchen andere Sorten ein besonderes Klima. Das weltweit größte Gebiet (Marktanteil 90 %) für den Anbau von Walnüssen ist Kalifornien. Allerdings greifen Feinschmecker eher auf Walnüsse aus den französischen Alpen zurück, die den besten Geschmack haben sollen.

Rund 80 Prozent der weltweit gehandelten Haselnüsse kommen aus der Türkei. Vor allem an der Schwarzmeerküste finden sie ideale klimatische Bedingungen: schwülwarme Sommer und regenreiche, nasskalte Winter. Für hochwertige Haselnüsse bekannt ist aber auch die italienische Region Piemont.

Die Anbaugebiete für Mandeln liegen in den Mittelmeerländern sowie in Kalifornien und China. Cashewnüsse, die ursprünglich aus Südamerika stammen, werden nicht mehr nur in Brasilien angebaut, sondern auch in Indien und Südostasien.

GESUNDHEIT

Sind Nüsse und andere Schalenfrüchte Dickmacher?

Im Gegensatz zu den meisten Obstsorten enthalten Nüsse und andere Schalenfrüchte sehr wenig Wasser. Dafür sind sie reich an Fetten, Eiweißen und Kohlenhydraten. Wegen ihres wesentlich höheren Brennwerts werden sie zuweilen als Kalorienbomben bezeichnet. Doch eine Handvoll Nüsse pro Tag ist sogar gut für die Gesundheit. Die günstige Zusammensetzung der Fettsäuren, besonders der hohe Anteil einfacher und mehrfach gesättig-
ter Fettsäuren, senkt die Anfälligkeit für Herz-Kreislauf-Erkrankungen.

Enthalten Schalenfrüchte Rückstände von Chemikalien?

Bei der Verarbeitung von Schalenfrüchten werden häufig giftige Chemikalien eingesetzt. Bei Walnüssen werden die Schalen beispielsweise oft chemisch gebleicht, damit ältere Nüsse frischer wirken. Außerdem werden sie häufig mit Ethylengas besprüht, um das Knacken der Nüsse zu erleichtern. Bei der Lagerung von geschälten Nüssen wird der giftige Halogenkohlenwasserstoff Methylbromid als Schädlingsbekämpfungsmittel eingesetzt. Da nicht ausgeschlossen werden kann, dass die bei diesen Behandlungsmethoden verwendeten Chemikalien Rückstände auf den Nüssen hinterlassen, sollten Sie lieber zu Nüssen und anderen Schalenfrüchten

aus biologischem Anbau greifen. Diese sind garantiert frei von Rückständen, denn die Behandlung mit Methylbromid, Schwefel, Bleichmittel oder anderen Gasen ist verboten.

SOZIALE GERECHTIGKEIT UND FAIRE PREISE

Was können wir gegen Kinderarbeit und schlechte Arbeitsbedingungen auf den Haselnussplantagen tun?

Die Arbeitsbedingungen auf türkischen Haselnussplantagen sind sehr schlecht. Oft arbeiten hier Wanderarbeiter, die zur Erntezeit im Spätsommer meist mit ihrer ganzen Familie in die Anbaugebiete kommen. Häufig müssen sich auch die Kinder der Familie auf den Plantagen verdingen und dort mehr als zehn Stunden arbeiten. Der Großteil der Kinder, die in den Haselnussplantagen arbeiten, ist unter 14 Jahre alt.

Die Arbeit in den steilen Berghängen ist gefährlich und Unfälle sind an der Tagesordnung. Die Lebensbedingungen sind ebenfalls prekär: Die Arbeiter hausen in einfachen Zeltlagern und erhalten nur einen geringen Lohn. Kurdische und georgische Wanderarbeiter bekommen in der Regel sogar deutlich niedrigere Löhne als türkischstämmige. Essen Sie Nüsse und andere Schalenfrüchte aus fairem Han-

del! Damit können Sie einen Beitrag zu fairen Preisen und besseren Arbeitsbedingungen leisten.

RESSOURCENVERBRAUCH UND KLIMASCHUTZ

Wie viel Wasser braucht ein Mandelbaum?

Der Wasserverbrauch von Mandelbäumen ist extrem hoch: Für die Produktion einer einzigen Mandel müssen vier Liter Wasser aufgewendet werden. Auf den kalifornischen Mandelanbau entfällt jährlich etwa ein Zehntel des Trinkwasserverbrauchs des amerikanischen Bundesstaates. Diese Menge würde ausreichen um die Großstadt Los Angeles etwa drei Jahre mit Wasser zu versorgen. Und obwohl die Region seit einigen Jahren unter einer chronischen Dürre leidet,

kommen vier Fünftel der weltweit verzehrten Mandeln aus Kalifornien. Die in Monokultur angebauten Mandeln belasten die Umwelt aber nicht nur durch den extremen Wasserverbrauch, sondern auch durch einen hohen Einsatz an Pestiziden. Neben der Belastung für die Böden und Pflanzen tragen die Pestizide mit zum dortigen Bienensterben bei.

WIE LANGE HALTEN SICH NÜSSE?

Wenn Sie einen Walnussbaum im Garten haben, sollten Sie vor der Einlagerung die verschrumpelten und schwarzen Nussschalen aussortieren. Wenn Sie die Nüsse mit Schale lagern, müssen Sie nur darauf achten, dass sie kühl, trocken und lichtgeschützt aufbewahrt werden. Der beste Lagerort ist also der Keller, dort halten sie sich viele Monate lang.

HÜLSENFRÜCHTE

GESUNDHEIT

Können Hülsenfrüchte Fleisch ersetzen?

Vegetarisch oder vegan lebende Menschen ersetzen Fleisch gerne durch Hülsenfürchte, denn Linsen, Bohnen und Erbsen enthalten jede Menge wertvolle pflanzliche Eiweiße, sättigende Kohlenhydrate und bis zu 20 Prozent Ballaststoffe. Aufgrund ihrer Zusammensetzung lassen sie den Blutzuckerspiegel nur langsam und geregelt ansteigen. Der hohe Eiweißgehalt macht Hülsenfrüchte zu einer guten Alternative zum Fleischkonsum. Besonders gut kann unser Körper die Eiweiße verwerten, wenn man Hülsenfrüchte zu kohlenhydrathaltigen Speisen wie Knödel, Kartoffeln, Reis oder Nudeln isst.

NACHHALTIGE LANDWIRTSCHAFT

Wie nachhaltig sind Sojabohnen?

Der Anbau von Soja steht zu Recht in der Kritik, denn hier werden große Mengen Pestizide bzw. gentechnisch veränderte Pflanzen eingesetzt. Die EU importiert Sojabohnen vor allem aus den USA, Kanada, Argentinien und Brasilien. In den drei erstgenannten Ländern beträgt der Anteil gentechnisch manipulierter Sojabohnen mittlerweile 98 Prozent. Zwar besteht in der EU seit 2004 eine Kennzeichnungspflicht für Lebensmittel mit genetisch veränderten Bestandteilen, aber diese Verordnung hat eine entscheidende Lücke: Tierprodukte von Tieren, die mit genmanipulierten Pflanzen gefüttert wurden, unterliegen nicht dieser Kennzeichnungspflicht. Das betrifft neben Eiern auch Wurst, Fleisch, Milch und Milchprodukte.

Beim Kauf von Produkten auf Sojabasis sollte man unbedingt auf zertifizierte Produktionsstandards achten. Diese Standards werden auf der Verpackung ausgewiesen: Das RTRS-Zertifikat gewährleistet eine gentechnikfreie Züchtung und das ProTerra-Siegel garantiert nachhaltige Anbaubedingungen.

RESSOURCENVERBRAUCH UND KLIMASCHUTZ

Ist die Klimabilanz bei Linsen besser als bei Fleisch?

Linsen sind nicht nur aus der Gesundheitsperspektive eine gute Alternative zu Fleisch. Sie weisen auch eine bessere Klimabilanz auf. Beim Anbau von Linsen werden bis zu 86 Prozent weniger Wasser verbraucht als bei der Produktion von Rindfleisch und etwa 95 Prozent weniger Treibhausgase ausgestoßen. Handelt es sich um regional und biologisch angebaute Hülsenfrüchte, sieht diese Bilanz sogar noch besser aus.

Kaufen Sie aber lieber getrocknete Hülsenfrüchte, denn bei Konserven ist die Herstellung der Weißblechdose sehr energieintensiv. Außerdem enthalten die Dosen viel unnötiges Wasser, sodass die CO_2-Emissionen für den Transport auf mehr als das Doppelte ansteigen.

WIE LAGERT MAN HÜLSENFRÜCHTE RICHTIG?

Hülsenfrüchte enthalten von Natur aus Giftstoffe, die erst durch Einweichen und Kochen für den Menschen unschädlich gemacht werden. Hülsenfrüchte dürfen deshalb nie roh verzehrt werden. Ungeschälte Hülsenfrüchte kann man problemlos zwei Jahre aufbewahren. Geschälte sollte man innerhalb eines halben Jahres verbrauchen. Am besten lagert man getrocknete Hülsenfrüchte an einem dunklen, trockenen Ort. Die Verpackung sollte nach jedem Öffnen wieder gut verschlossen werden. Frische Hülsenfrüchte kann man nicht so gut lagern. Vor allem frische Bohnen und Erbsen sollten innerhalb von zwei Tagen verzehrt werden. Bis dahin können sie im Gemüsefach des Kühlschranks aufbewahrt werden.

KONSERVEN

***Kommen italienische Dosen-
tomaten wirklich aus China?***
Bei Konserven lässt sich die
Herkunft der Nahrungsmittel, die
sich darin befinden, nicht leicht
zurückverfolgen. Wenn die Rohstoffe zum Beispiel in der EU
abgefüllt oder weiterverarbeitet
wurden, muss das Herkunftsland
nicht auf dem Etikett vermerkt
werden. Laut Marcello Bensi
kommen etwa 95 Prozent der
Tomaten, die weltweit als italienische Dosentomaten oder Tomatenmark verkauft werden, aus
China. Italien verarbeitet jedes
Jahr etwa sechs Millionen Tonnen Tomaten, darunter 100.000
Tonnen aus China. China ist mit
einer Produktion von 16 Millionen Tonnen das größte Toma-
tenanbauland der Welt – und das,
obwohl Tomaten in China kaum
gegessen werden. Da die Tomaten den 8.000 km langen Transportweg als Frischwaren nicht
überstehen würden, werden sie
noch in China geschält und zu
Tomatenpüree oder -mark verarbeitet. Große Containerschiffe
bringen diese Produkte dann
nach Italien, wo sie in Dosen
abgefüllt und in andere europäische Länder exportiert werden.
Da Tomaten in China sehr kos-
tengünstig produziert werden,
sind diese Importe eine Bedrohung für die europäischen Toma-
tenproduzenten, die mit den
Billigpreisen nicht mithalten
können. Wegen der weiten Transportwege und des Einsatzes
großer Mengen von Pflanzenschutzmitteln auf den chinesischen Feldern sind diese Tomaten auch unter ökologischen
Gesichtspunkten zweifelhaft.
Wenn Sie sicher sein wollen, dass
wirklich italienische Tomaten in
der Dose sind, dann achten Sie
auf den Zusatz: 100 Prozent aus
italienischen Tomaten bzw. auf

das Zeichen der geschützten geografischen Angabe. Nur dann wurden die Tomaten sowohl in Italien angebaut als auch verarbeitet.

Enthalten Konserven Glutamat?

Es gibt zahlreiche Lebensmittel, die von Natur aus Glutamat (Salz der Glutaminsäure) enthalten, zum Beispiel Käse, Schinken oder Tomaten. Allerdings wird es auch synthetisch hergestellt und als Geschmacksverstärker unter der Bezeichnung E 621 vielen Fertiggerichten und Konserven zugesetzt. Glutamat ist billig und vermittelt eine würzig-fleischige Note, sodass die Nahrungsmittelproduzenten auf die Verwendung teurer Geschmacksträger verzichten können.

Jüngere Forschungsergebnisse kommen zu dem Schluss, dass Glutamat langfristig Schäden im Gehirn hervorrufen und das Risiko bestimmter Krankheiten wie Alzheimer oder Parkinson erhöhen könnte. Außerdem steht dieser Stoff im Verdacht, zum Anstieg von Übergewicht und Fettsucht in den Industrieländern beizutragen. Glutamat greift in biochemische Prozesse ein, die für die Regulierung unseres Appetits verantwortlich sind, und verfälscht so die Sättigungsregulation des Körpers.

Lassen Sie sich nicht davon täuschen, dass auf den Etiketten statt Glutamat oft harmlos klingende Begriffe wie „fermentierter Weizen", „Aroma" oder „Würze" stehen. Die Nahrungsmittelkonzerne verschleiern auf diese Weise die Verwendung von Glutamat – und verhalten sich völlig konform mit dem geltenden Lebensmittelrecht. Selbst Bio-Produzenten verwenden glutamatähnliche Stoffe, die auf ihren Produkten häufig als „Hefeextrakt" gekennzeichnet sind.

ZWIEBELN UND KNOBLAUCH

HERKUNFT, REGIONALITÄT, SAISONALITÄT

Woher stammt Knoblauch?

Mehr als sieben von zehn weltweit verkauften Knoblauchzehen stammen aus China, das Knoblauch in jeder Form als Exportgut entdeckt hat. In China werden jährlich etwa 25 Millionen Tonnen Knoblauch geerntet. Beim Anbau und bei der Verarbeitung wird das Lauchgewächs jedoch oft mit gesundheitsschädlichen Chemikalien behandelt – beispielsweise mit Blei, Sulfit, Methylbromid oder mit in Europa verbotenen Pestiziden.

Weshalb gilt Knoblauch als Heilpflanze?

Im Knoblauch stecken jede Menge Phytonzide. Das sind antibiotisch wirkende Stoffe, die auch für den kräftigen Geruch des Knoblauchs verantwortlich sind. Phytonzide verhindern in unserem Körper die Vermehrung krankmachender Mikroorganismen. Knoblauch schützt außerdem Herz und Gefäße. Wer regelmäßig Knoblauch isst, senkt damit seinen Blutdruck, reguliert die Fett- und Cholesterinwerte und vermindert die Wahrscheinlichkeit von Thrombosen und Gefäßproblemen. Und zu guter Letzt regt der Verzehr von Knoblauch auch unseren Verdauungstrakt an.

Die Frühlings- oder Lauchzwiebel verdankt ihren Namen der optischen Ähnlichkeit mit dem Lauch. Tatsächlich ist sie aber näher mit der Speisezwiebel verwandt. Lauchzwiebeln lassen sich bestens roh in Salaten oder für andere kalte Speisen verwenden.

Wie lagert man Zwiebeln und Knoblauch am besten?

Zwiebeln und Knoblauch sollten trocken, kühl und dunkel gelagert werden.

Man sollte sie allerdings nicht im Kühlschrank oder in einer Plastiktüte aufbewahren. Legen Sie Zwiebeln und Knoblauch stattdessen lose in einen Korb oder in ein Netz. Der optimale Lagerort für Knoblauch ist ein Topf aus Steingut. Für die Dauer der Lagerung gilt: Je frischer der gekaufte Knoblauch, desto länger können Sie ihn lagern. Frischen Knoblauch erkennen Sie an seiner weißen Farbe und der harten Knolle. Lässt sich die Knolle dagegen ohne großen Widerstand eindrücken, ist der Knoblauch überreif.

VIELFALT UND DIVERSITÄT

Sind alle Zwiebeln gleich scharf?

Zwiebeln kommen nicht nur in zahlreichen Farben und Formen vor, auch ihre Schärfe bzw. Süße variiert.

Die Speisezwiebel, die heute weltweit am häufigsten auf dem Teller landet, kommt vermutlich aus Asien. Sie hat eine braune Schale und ihre Schärfe ergibt sich aus dem Gehalt an Allicin-Öl, das auch dafür verantwortlich ist, dass unsere Augen beim Zwiebelschneiden tränen. Gemüsezwiebeln werden in Spanien angebaut. Sie sind im Geschmack etwas milder und süßlicher als die gewöhnlichen Speisezwiebeln. Gemüsezwiebeln kann man roh im Salat essen oder zum Verfeinern von

Schmor- und Grillgerichten verwenden. Auch lässt sich die Gemüsezwiebel wegen ihrer Größe gut füllen.

Die rote Zwiebel, die meist aus Italien stammt, hat eine rote oder dunkelviolette Schale, die viel dünner ist als bei anderen Sorten. Auch die rote Zwiebel kommt dank ihrer milden Schärfe und ihres leicht süßlichen Geschmacks besonders gut in Salaten zur Geltung.

Weiße Zwiebeln sind vor allem in Südeuropa populär. Der Grund dafür ist ihr milder, feiner Geschmack. Sie sind besonders für die Verwendung in hellen Saucen geeignet. Weiße Zwiebeln sind sehr lange haltbar und lagerfähig. Schalotten zählen ebenfalls zu den Zwiebeln. Sie können länglich oder rund sein, haben jedoch immer ein mildes Aroma.

OLIVEN UND OLIVENÖL

HERKUNFT, REGIONALITÄT, SAISONALITÄT

Kann man sich auf die Herkunftsangabe verlassen?
Leider nicht. Olivenöl darf sich italienisches Olivenöl nennen, wenn 90 Prozent des Öls aus Italien stammen. Die restlichen zehn Prozent können aus anderen Ländern kommen. Oft wird minderwertiges spanisches Öl, für das der Verbraucher weniger Geld bezahlen würde, einfach nach Italien gebracht und dort mit dem heimischen Öl vermischt. Völlig gesetzeskonform darf es danach als echtes italienisches Olivenöl in alle Welt exportiert werden. Die Konsumenten werden aber auch noch auf andere Weise getäuscht: Zum Beispiel kaufen spanische Unternehmen italienische Olivenölkonzerne mit klangvollen Namen und verkaufen ihr Öl dann unter dem italienischen Markennamen. Die Bezeichnung „Italienisches Olivenöl" auf dem Flaschenetikett oder die Angabe eines italienischen Namens bzw. Ortes beziehen sich oft ausschließlich auf den Abfüllort bzw. auf den Sitz des italienischen Importeurs, aber nicht auf den Ursprung der Oliven. Nur das Siegel der geschützten Ursprungsbezeichnung DOP auf der Flasche garantiert, dass die Oliven und das Olivenöl tatsächlich in Italien produziert wurden.

GESUNDHEIT

Was macht Olivenöl für unsere Gesundheit so wertvoll?
Natives, das heißt nicht raffiniertes, Olivenöl enthält zahlreiche Stoffe, die unseren Körper vor Oxidationsprozessen schützen und den Blutdruck günstig beeinflussen. Außerdem enthält Olivenöl bis zu 75 Prozent Ölsäure (einfach ungesättigte Fettsäure), die den Cholesterinspiegel senkt und zur Herzgesundheit beiträgt. Diese positiven gesundheitlichen Effekte hat das Öl allerdings nur, wenn es ausschließlich durch mechanische Verfahren gewonnen wurde, bei denen die förderlichen Inhaltsstoffe (ungesättigte Fettsäuren, Vitamine, Polyphenole) erhalten bleiben.

In der industriellen Herstellung wird das kostbare Öl meist mithilfe chemischer Verfahren (zum Beispiel mit Lösungsmitteln wie Benzin) extrahiert. Zwar erhöht sich dadurch die Ölausbeute pro Olive, aber das gewonnene Öl muss im Anschluss wieder von den unerwünschten Chemikalien (Säuren und Gerüche) befreit und gebleicht werden. Da das Öl bei der sogenannten Raffination auf 200 Grad erhitzt wird, gehen neben Vitaminen auch die mehrfach gesättigten Fettsäuren und Geschmacksaromen verloren. Bei raffiniertem Olivenöl wird nicht viel Wert auf die Qualität der Oliven gelegt.

Leider wird auch bei qualitativ hochwertigem kaltgepresstem Olivenöl getrickst, ohne dass es auf dem Etikett erkennbar wäre. So wird es zum Beispiel mit billigem raffiniertem Olivenöl versetzt oder sogar mit hydrierten Ölen (Soja-, Sonnenblumen- oder Rapsöl) gepanscht.

Hydrierte Öle sind Öle, die bei großer Hitze mit Wasserstoff und anderen Chemikalien behandelt wurden, um die Haltbarkeit zu verlängern. Sie sind billig, aber äußerst ungesund: Fettleibigkeit, Diabetes, Herz-Kreislauf-Erkrankungen und Krebs werden mit hydrierten Ölen in Zusammenhang gebracht.

ESSIG

VIELFALT UND DIVERSITÄT

Aus welchen Früchten kann man Essig herstellen?

Essige entstehen durch die Vergärung alkoholhaltiger Flüssigkeiten mithilfe von Essigsäurebakterien. Man kann daher zur Essigherstellung alle Obst- und Traubenweine verwenden, aber auch stärkehaltige Ausgangsprodukte wie Reis, Kartoffeln, Bier oder Malz eignen sich sehr gut. Gängige Obstessige sind fast immer Apfel-, Most- oder Birnenessig. Das liegt daran, dass diese Obstessigsorten einen guten Geschmack haben und vergleichsweise preiswert produziert werden können. Die übrigen Fruchtessige sind fast immer Essige mit Fruchtextraktzusätzen. Da Obstwein einen geringeren Alkoholgehalt hat als Traubenwein, ist Obstessig meist säureärmer (5 %) und dadurch bekömmlicher. Dem Apfelessig werden darüber hinaus viele positive Wirkungen zugeschrieben, was zu einem wahren Apfelessig-Boom geführt hat.

Ein besonderer Fall ist der echte Balsamessig. Die Grundlage für den echten Balsamico Tradizionale ist ausschließlich eingekochter und vergorener Traubenmost, der mindestens zwölf Jahre in immer kleiner werdenden Holzfässern reifen muss. Diesen Balsamico Tradizionale darf man nicht mit dem günstigeren Balsamico di Modena verwechseln. Balsamico di Modena ist eine Mischung aus Weinessig und eingedicktem Traubenmost, oft wird er mit Zuckercoleur dunkel gefärbt. Ein guter Balsamico schmeckt fruchtig-süß und hat eine schwache Vanille- und Lakritznote. Seine leicht dickliche Konsistenz und die sehr milde Säure machen ihn so beliebt.

HERKUNFT, REGIONALITÄT, SAISONALITÄT

Kommt Aceto Balsamico immer aus Modena?

Aceto Balsamico di Modena darf sich nur der Essig nennen, der in Modena und in der Nachbarregion Emilia-Romagna hergestellt

---

WORAN ERKENNT MAN EINEN HOCHWERTIGEN ACETO BALSAMICO?

Schauen Sie sich die Zutatenliste genau an. Der Rohstoff, der den größten Anteil ausmacht, steht auf dieser Liste an erster Stelle. Bei hochwertigem Balsamessig muss also Traubenmost an erster Stelle stehen. Je höher der Mostanteil, desto fülliger der Essig. Achten Sie auch auf Zusatzstoffe: Um dem Essig eine dunklere Farbe zu verleihen, wird häufig Zuckercouleur (E 150) zugegeben. Der Essig sieht dann zwar hochwertig aus, ist es aber nicht.

---

wird. Das Zeichen der geschützten Ursprungsangabe (g. U.) garantiert die Herkunft und die traditionelle Herstellung. Das Zeichen der geschützten geografischen Angabe kann ein Aceto Balsamico allerdings auch dann tragen, wenn nur ein Produktionsschritt in dem jeweiligen Gebiet stattfindet, zum Beispiel die Verarbeitung – die Trauben können dabei aus ganz anderen Regionen stammen.

GESUNDHEIT

Enthält Essig Schwefel bzw. Sulfit?

Um die Haltbarkeit zu verlängern, wird Essig oft Sulfit oder Schwefeldioxid zugesetzt. Dadurch kann es zu allergischen Reaktionen nach dem Verzehr kommen. Bio-Essige enthalten keinen Schwefel.

WUSSTEN SIE, DASS …

… Essig ein umweltfreundliches Putzmittel ist?

Essig löst Fett und wirkt entkalkend. In Reinform oder mit Wasser verdünnt, kann Essig prima zum Entkalken von Haushaltsgeräten verwendet werden, zum Beispiel für die Kaffeemaschine oder den Wasserkocher. Bei der Entkalkung mit Essig ist eine hohe Wassertemperatur besonders günstig. Je heißer das Wasser, desto einfacher die Entkalkung.

MARMELADE

VIELFALT UND DIVERSITÄT

Marmelade, Gelee, Konfitüre, Fruchtaufstrich – wer findet sich da noch zurecht?

Die Namensgebung für das, was wir gerne auf unser Frühstücksbrot streichen oder in den Joghurt rühren, ist von der EU genau geregelt. Sie unterscheidet zwischen Marmelade, Gelee, Konfitüre oder Fruchtaufstrich. Marmelade darf in der EU nur dann auf dem Etikett stehen, wenn sie aus Zitrusfrüchten hergestellt wurde und erkennbare Frucht- bzw. Schalenstücke enthält – wie beispielsweise die englische Orangenmarmelade. Im Vergleich dazu besitzt die Konfitüre einen größeren Zuckeranteil und weniger Früchte, und zwar 350 Gramm Früchte (meist Beeren oder Steinobst) auf ein Kilo.

Gelee darf sich der Brotaufstrich nennen, wenn er stichfest ist und nur aus Fruchtsaft, Zucker und Geliermittel besteht, das heißt keine Fruchtstücke enthält. Eine Extrakategorie stellt der Fruchtaufstrich dar, der aus eingekochten Früchten und Zucker hergestellt wird. Wegen seines geringen Zucker- und hohen Fruchtgehaltes ist Fruchtaufstrich weniger süß und kalorienärmer. Dass man in Deutschland und in Österreich im Handel trotzdem Gläser mit der Aufschrift „Marmelade" findet, liegt daran, dass es in diesen Ländern Ausnahmeregelungen gibt. In beiden Ländern besagt die Konfitürenverordnung, dass „Konfitüre" (im Sinne des EU-Rechts) weiterhin als „Marmelade" bezeichnet werden darf, wenn sie nicht gewerbsmäßig hergestellt und nur auf örtlichen Märkten verkauft wird.

MARMELADE SELBER KOCHEN

Die Faustregel, nach der schon unsere Großmütter Marmelade gekocht haben, besagt, dass auf ein Kilogramm Früchte rund 700 Gramm Zucker kommen. Bei Früchten mit einem geringen Säuregehalt, z. B. Erdbeeren, nimmt man zusätzlich noch etwa drei Esslöffel Zitronensaft und etwas handelsübliches Pektin.

Kochen Sie das geschälte und zerkleinerte Obst zusammen mit dem Zucker einige Minuten spru-delnd auf. Anschließend lassen Sie das Ganze mit geschlossenem Deckel und unter gelegentlichem Umrühren und Zerdrücken der Früchte ruhen. Schöpfen Sie den Schaum, der sich in dieser Zeit bildet, mit einem Schaumlöffel ab. Wenn die Gelierprobe zufriedenstellend ausfällt, füllen Sie die Marmelade in sterilisierte Twist-off-Gläser. Verschließen Sie die Gläser und stellen Sie sie kopfüber zum Auskühlen auf ein Küchentuch.

einen Teil Saft. Auch Eistee und Limonade kann man selber machen. Einfach Früchtetee kochen, abkühlen lassen und mit Eiswürfeln und Wasser servieren oder Zitrone mit Wasser mischen. In beiden Fällen können Sie die Zuckermenge selbst bestimmen. Wenn es unbedingt Fruchtsäfte sein müssen, dann schauen Sie sich die Zutatenliste genau an und wählen Sie lieber einen Saft, der weniger Zucker enthält.

NACHHALTIGE LANDWIRTSCHAFT

Ist Bier durch Pestizide belastet?

Zum Bierbrauen braucht man Getreide, Hopfen und Wasser. Die am häufigsten verwendeten Getreidesorten sind Gerste, Weizen und Roggen, aber sogar aus Mais und Reis kann man Bier herstellen. Wird das Getreide auf konventionelle Weise produziert, kann es Rückstände von umwelt- und gesundheitsschädlichen Mitteln enthalten. Greifen Sie daher zu Bieren aus biologisch arbeitenden Brauereien, die nur Bio-Getreide verwenden. Das Bio-Label garantiert, dass das Getreide ohne chemisch-synthetische Pflanzenschutzmittel erzeugt wurde. Gleichzeitig heißt das auch, dass die beim Anbau aufgewendete Energiemenge geringer ist als bei konventionellen Produkten.

GETRÄNKE

GESUNDHEIT

Was ist besser: Mineralwasser oder Leitungswasser?

Die drei wichtigsten Mineralstoffe, die wir über das Trinkwasser aufnehmen, sind Magnesium, Kalzium und Natrium. Mineralwasser hat – daher der Name – in der Regel einen höheren Mineralstoffgehalt als Leitungswasser. Aber auch im Leitungswasser stecken durchaus Mineralien. Welche und wie viele das sind, das ist von Ort zu Ort verschieden.
Obwohl die Aufnahme von Mineralstoffen über das Trinkwasser wichtig ist, wird der Großteil des menschlichen Bedarfs durch eine ausgewogene Ernährung gedeckt. Unter gesundheitlichen Gesichtspunkten macht es daher keinen großen Unterschied, ob jemand seinen Flüssigkeitsbedarf lieber mit Leitungs- oder Mineralwasser deckt.

Erfrischungsgetränke zum Durstlöschen?

Softdrinks und Erfrischungsgetränke wie Limonade, Cola, Eistee, Energydrinks und Säfte enthalten oft große Mengen Zucker – etwa 25 bis 35 Stück Würfelzucker pro Liter. Deshalb sind diese Getränke keine Durstlöscher, sondern kalorienhaltige Genussmittel, die man dementsprechend sparsam konsumieren sollte.
Wem der Geschmack von Wasser aber zu langweilig ist, der kann es statt mit reinem Apfelsaft mit einer Saftschorle versuchen – am besten im Mischungsverhältnis von 3:1, also drei Teile Wasser auf

SOZIALE GERECHTIGKEIT UND FAIRE PREISE

Was haben Großkonzerne mit der Ausbeutung von Wasserressourcen zu tun?

Viele Großkonzerne des Nahrungsmittelsektors handeln auch mit Trinkwasser – prominente Beispiele sind Coca-Cola und Nestlé. Nestlé erzielt mit dem Verkauf von Wasserflaschen etwa ein Zehntel seines Gesamtumsatzes. Und für die Herstellung von einem Liter Coca-Cola müssen zwei Liter Wasser aufgewendet werden. Das bedeutet, dass der Coca-Cola-Konzern für die Produktion seiner Softdrinks weltweit ungefähr 300 Milliarden Liter Wasser verbraucht (die Daten beziehen sich auf das Jahr 2015). Um die Versorgung mit diesen riesigen Wassermengen sicherzustellen, kaufen die Konzerne häufig Quellen- und Grundwasserrechte in Ländern, in denen das zulässig ist. Oft handelt es sich dabei um Länder, in denen schon Wasserknappheit herrscht. Der Journalist Res Gehringer zeigt in seinem Dokumentarfilm „Bottled Life" die Probleme in einem Dorf in Pakistan, in dem die Bevölkerung keinen Zugang zu sauberem Trinkwasser hat, während Nestlé das Wasser dort aus einem Tiefbrunnen holt, in Flaschen abfüllt und unter dem Namen Nestlé Pure Life zu einem Preis verkauft, der das Tageseinkommen der meisten Pakistaner übersteigt.

RESSOURCENVERBRAUCH UND KLIMASCHUTZ

Wie groß ist der CO_2-Fußabdruck von Mineralwasser?

Die CO_2-Emissionen von Leitungswasser liegen bei 0,35 g pro Liter. Sie sind damit deutlich niedriger als die von abgefülltem Wasser. Mineralwässer, die in Flaschen importiert werden, verursachen sogar tausendmal mehr CO_2 als unser Leitungswasser. Die großen Unterschiede bei den CO_2-Emissionen gehen auf die Verpackung und den Transport zurück. Der Transport schlägt in der Klimabilanz besonders zu Buche, da Getränke nur schwer zu transportieren sind.

Getränke, die in Kunststoffflaschen abgefüllt werden, verursachen außerdem eine Unmenge Müll. Der, so wie jeder andere Plastikmüll, 500 bis 700 Jahre braucht, ehe er vollständig zerfällt. Die Tatsache, dass immer mehr von diesem Müll in der Natur landet, hat dazu geführt, dass unsere Meere voller Plastik sind. In den Ozeanen haben sich bereits Plastikinseln gebildet, die zum Teil so groß sind wie Mitteleuropa. Kleine Plastikpartikel werden von Fischen und anderen Meerestieren oft mit Plankton verwechselt und gefressen. Über die Nahrungskette gelangen diese Mikroplastikteile dann auch in unseren Organismus. Greifen Sie deshalb lieber zu Leitungswasser – Sie tun ihrer Gesundheit und der Umwelt damit einen großen Gefallen! Oder kaufen Sie wenigstens Mineralwasser in Mehrwegflaschen aus Glas, das aus regionalen Quellen stammt, bzw. Getränke, die in Ihrer Region produziert werden.

WUSSTEN SIE, DASS …
… Sie Saft ganz einfach selber herstellen können?

Sie können auf diese Weise auch Fallobst verwerten. Waschen und zerkleinern Sie das Obst. Nicht ganz makellose Früchte werden von den matschigen Stellen befreit. Anschließend zerkleinert man die Früchte und presst sie mit einer Saftpresse aus. Der dabei austretende Saft wird in Flaschen abgefüllt. Auch ohne Saftpresse können Sie Obst entsaften, zum Beispiel mit dem Dampfgarer.

REGISTER

AOK. Die Gesundheitskasse: Süße Getränke im Zucker-Check: Ach, wie süß! Unter: https://aok-on.de/sport-ernaehrung/suesse-getraenke-im-check.html#c114139 (aufgerufen 15.05.2017).
Bankhofer Gesundheitstipps: Kürbiskernöl: Gesund für Blase, Prostata und Immunsystem, unter: http://www.bankhofer-gesundheitstipps.de/kuerbiskernoel-gesund-blase-prostata-immunsystem.html (aufgerufen 08.05.2017).
Berners-Lee, Mark: How Bad Are Bananas? The Carbon Footprint of Everything, London 2010.
Biologische Landwirtschaft in Österreich: Masthühner, unter: http://www.biola.at/masthuehner.html (aufgerufen 08.05.2017).
Borowiak, Kerstin: Pestizide im Obst: Wie gesund sind Äpfel und Birnen noch? Unter: http://www.nachhaltigleben.ch/themen/gesundheit/gesunde-ernaehrung/pestizide-im-obst-1715 (aufgerufen 08.05.2017).
Bund Ökologische Lebensmittelwirtschaft e.V. (BÖLW) (Hrsg.): Nachgefragt. 28 Antworten zum Stand des Wissens rund um Öko-Landbau und Bio-Lebensmittel, unter: http://www.boelw.de/fileadmin/alf/28-bioargumente.pdf (aufgerufen 08.05.2017).
Bundesministeriums der Justiz und für Verbraucherschutz: Lebensmittel-, Bedarfsgegenstände- und Futtermittelgesetzbuch (Lebensmittel- und Futtermittelgesetzbuch – LFGB), unter: https://www.gesetze-im-internet.de/bundesrecht/lfgb/gesamt.pdf (aufgerufen 08.05.2017).
Bundesverband österreichischer Wildhalter: Verbandsinterne Richtlinien für die Haltung des Rot- und Damwildes sowie anderer Wildwiederkäuer in landwirtschaftlichen Betrieben, unter: http://www.wildhaltung.at/arge-richtlinien.html (aufgerufen 08.05.2017).
Casali, Lisa: Grün kochen? (öko)logisch! – Nichts mehr verschwenden, weniger ausgeben, München 2014.
Coca-Cola Company: Improving Our Water Efficiency, unter: http://www.coca-colacompany.com/stories/setting-a-new-goal-for-water-efficiency (aufgerufen 08.05.2017).
Die Orchidee und ihre synthetische Kopie, unter: http://www.br.de/themen/ratgeber/inhalt/ernaehrung/vanille-vanillin-gewuerz100.html (aufgerufen 08.05.2017).
Ehrenstein, Claudia: Deutsche schlachten pro Jahr 750 Millionen Tiere, unter: https://www.welt.de/politik/deutschland/article123700329/Deutsche-schlachten-pro-Jahr-750-Millionen-Tiere.html (aufgerufen 08.05.2017).
Emberger-Klein, Agnes/Menrad, Klaus/Ergül, Rumyana/Mempel, Heike: Carbon-Footprint-Analysen entlang der Wertschöpfungsketten von Obst und Gemüse an ausgewählten Beispielen sowie Erarbeitung eines entsprechenden Zertifizierungs- und Labelling-systems, unter: http://www.wz-straubing.de/fachhochschule-weihenstephan/_download/bmbf_fkz%2017004x11%20schlussbericht_gek%C3%BCrzt-homepage.pdf (aufgerufen 08.05.2017).
Erklärung von Bern (EvB) und Forum Umwelt und Entwicklung: Agropoly – Wenige Konzerne beherrschen die weltweite Lebensmittelproduktion, unter: http://forumue.de/wp-content/uploads/2015/05/EvB_Agropoly_D_1-12_v02.pdf (aufgerufen 08.05.2017).
Exler, Andrea: So schädlich ist Glutamat im Essen wirklich, unter: https://www.welt.de/gesundheit/article3276919/So-schaedlich-ist-Glutamat-im-Essen-wirklich.html (aufgerufen 08.05.2017).
FAO (Food and Agriculture Organization)/IFAD (International Fund for Agricultural Development)/WFP (World Food Programme): The State of Food Insecurity in the World 2013. The multiple dimensions of food security, unter: http://www.fao.org/docrep/018/i3434e/i3434e.pdf (aufgerufen 08.05.2017).
FAO (Food and Agriculture Organization): Baseline study on the problem of obsolete pesticide stocks, unter: http://www.fao.org/docrep/003/X8639E/X8639E00.HTM (aufgerufen 08.05.2017).
Fruhwirth, Gilbert Otto/Wenzl, Thomas/El-Toukhy, Rosemarie/Wagner, Franz Siegfried/Hermetter, Albin: Fluorescence screening of antioxidant capacity in pumpkin seed oils and other natural oils, unter: https://www.researchgate.net/publication/229501610_Fluorescence_screening_of_antioxidant_capacity_in_pumpkin_seed_oils_and_other_natural_oils (aufgerufen 08.05.2017).
Geflügel Charta: Tierschutz. Besatzdichte, unter: http://www.gefluegel-charta.de/infopool/besatzdichte/ (aufgerufen 15.05.2017)
Greenpeace Deutschland (Hrsg.): Pestizide – ein bisschen ist zu viel. Agrargifte in Äpfeln, Hamburg 2015.
Grimm, Hans-Ulrich: Die Fleischlüge. Wie uns die Tierindustrie krank macht, München 2016.
Grimm, Hans-Ulrich: Die Suppe lügt. Die schöne neue Welt des Essens, München 2014.
Haizmann, Melanie: Was ist Gentechnik? Unter: http://www.essen-und-trinken.de/news/77626-rtkl-im-fokus-was-ist-gentechnik (aufgerufen 08.05.2017).
Hederer, Manfred/Wefers, Heribert: Anhaltendes Bienensterben durch Pestizide. Grundlegende Reform der Zulassungspraxis gefordert, unter: https://www.bund.net/fileadmin/user_upload_bund/publikationen/umweltgifte/pestizide_bienensterben_hintergrundpapier.pdf (aufgerufen 08.05.2017).
Herminghaus, Harald: CO_2-Vergleich beim Lebensmitteltransport, unter: http://www.co2-emissionen-vergleichen.de/Lebensmittel/Transport/CO_2-Transport-Lebensmittel.html (aufgerufen 15.05.2017)
Hörtenhuber, Stefan/Zollitsch, Werner: Treibhausgase von der Weide. Welche Vorteile bringt die Öko-Rinderhaltung? In: Ökologie und Landbau 36 (1), 2008, S. 23 ff.
Human Rights Watch: Meatpacking's Human Toll, unter: https://www.hrw.org/news/2005/08/02/meatpackings-human-toll (aufgerufen 15.05.2017).
International Institute of Tropical Agriculture: Child Labor in the Cocoa Sector of West Africa, unter: http://www.globalexchange.org/sites/default/files/IITACocoaResearch.pdf (aufgerufen 08.05.2017).
International Labour Organization (ILO): Child Labour in Agriculture, unter: http://www.ilo.org/ipec/areas/Agriculture/lang--en/index.htm (aufgerufen 08.05.2017).
Isonio, Emanuele: Ocean grabbing. La speculazione prende il largo, in: Valori, Febbraio 2015.
Jungbluth, Niels: Umweltfolgen des Nahrungsmittelkonsums – Beurteilung von Produktmerkmalen auf Grundlage einer modularen Ökobilanz, unter: http://e-collection.library.ethz.ch/eserv/eth:23317/eth-23317-02.pdf (aufgerufen 15.05.2017).
KartoffelKombinat: Landgrabbing – was ist das? Unter: https://www.kartoffelkombinat.de/blog/2012/11/landgrabbing-was-ist-das/ (aufgerufen 08.05.2017).
Koerber, Karl von: Fünf Dimensionen der nachhaltigen Ernährung und weiterentwickelte Grundsätze – Ein Update, in: Ernährung im Fokus, 14.09.2010.
Koerber, Karl von/Kretschmer, Jürgen: Ernährung nach den vier Dimensionen. Wechselwirkungen zwischen Ernährung und Umwelt, Wirtschaft, Gesellschaft und Gesundheit, in: Ernährung und Medizin 21, 2016.
Koerber, Karl von/Kretschmer, Jürgen: Ernährung und Klima. Nachhaltiger Konsum ist ein Beitrag zum Klimaschutz, in: Der kritische Agrarbericht 2009.
Lehr-, Versuchs- und Fachzentrum Almesbach: Wildfleisch aus landwirtschaftlichen Gehegen, unter: https://www.lfl.bayern.de/lvfz/almesbach/079269/index.php (aufgerufen 08.05.2017).
Löwenstein, Felix zu: Es ist genug da. Für alle. Wenn wir den Hunger bekämpfen, nicht die Natur, München 2015.
Max-Rubner-Institut (MRI) (Hrsg.): Nationale Verzehrsstudie II. Ergebnisbericht, Teil 2. Die bundesweite Befragung zur Ernährung von Jugendlichen und Erwachsenen, unter: https://www.bmel.de/SharedDocs/Downloads/Ernaehrung/NVS_ErgebnisberichtTeil2.pdf?__blob=publicationFile (aufgerufen 08.05.2017).
McDonald's: Wie viele Tiere sterben pro Jahr für euch, unter: https://frag.mcdonalds.de/fleisch-fisch/24567/wie-viele-tiere-sterben-pro-jahr-fuer-euch (aufgerufen 08.05.2017).
Mekonnen, Mesfin M./Hoekstra, Arjen Y.: The green, blue and grey water footprint of crops and derived crop products. Volume 1: Main report, unter: http://wfn.project-platforms.com/Reports/Report47-WaterFootprintCrops-Vol1.pdf (aufgerufen 08.05.2017).
Meyer von Bremen, Ann-Helen/Rundgren, Gunnar: Food Monopoly. Das riskante Spiel mit billigem Essen, München 2014.
Ministerium für Umwelt, Klima und Energiewirtschaft Baden-Württemberg: Genuss-Kochbüchle, Restlos nachhaltig genießen und CO2 sparen, Stuttgart 2015.
Ministerium für Umwelt, Landwirtschaft, Ernährung, Weinbau und Forsten Rheinland-Pfalz (Hrsg.): Nachhaltige Ernährung – Was unser Essen mit Klimaschutz und Welternährung zu tun hat, Mainz 2014.
Molli, M.: Wenn der Boden schwindet, unter: https://www.youtube.com/watch?v=S5ZVpQS0D9M (aufgerufen 08.05.2017).
Müller, Maria (Institut für Energie- und Umweltforschung): CO2-Fußabdruck und Umweltbilanz regionaler Lebensmittel, unter: https://www.ifeu.de/landwirtschaft/pdf/IFEU_Umwelt_Regionale_Lebensmittel_2012_final_handout.pdf (aufgerufen 15.05.2017)
NABU: Vorteile des Ökolandbaus. Basisinfos zur ökologischen Bewirtschaftungsform, unter: https://www.nabu.de/natur-und-landschaft/landnutzung/landwirtschaft/landwirtschaft-und-naturschutz/oekolandbau.html (aufgerufen 08.05.2017).
National Geographic: Our dwindling food variety, unter: http://ngm.nationalgeographic.com/2011/07/food-ark/food-variety-graphic (aufgerufen 08.05.2017).
Naturinstitut.info: Kürbiskernöl und seine besonderen Eigenschaften, unter: http://www.naturinstitut.info/kuerbiskernoel.html (aufgerufen 08.05.2017).
Oberhollenzer, Hubert: Interview vom 27.03.2017.
ÖKL-Bauen, Plattform für landwirtschaftliches Bauwesen: Stallflächen (Mastgeflügel: Hühner, Truthühner), unter: http://www.oekl-bauen.at/cms/baumasse/gefluegelstall/mastgefluegel-stallflaechen.php (aufgerufen 08.05.2017).
Profanter, Benjamin: Interview vom 03.04.2017.
Rösch, Markus: Aufzucht- und Mastkalb richtig versorgen, unter: http://www.rgd.ch/Portals/0/Files/Publikationen/gruene_kaelberversorgung_mrs_1103.pdf (aufgerufen 08.05.2017).
Rydl, Vladimir/Reichert, Inka: Überfischung der Meere, unter: http://www.planet-wissen.de/natur/meer/ueberfischung_der_meere/ (aufgerufen 08.05.2017).
Sabersky, Annette: Wie gut ist Billig-Bio? Unter: https://www.greenpeace-magazin.de/wie-gut-ist-billig-bio-0 (aufgerufen 08.05.2017).
Sanktjohanser, Florian: Ein Kilo Rindfleisch kostet 15.000 Liter Wasser, unter: http://www.welt.de/wissenschaft/article6012574/Ein-Kilo-Rindfleisch-kostet-15-000-Liter-Wasser.html (aufgerufen 08.05.2017).
Scheub, Ute/Schwarzer, Stefan: Die Humusrevolution. Wie wir den Boden heilen, das Klima retten und die Ernährungswende schaffen, München 2017.
Schlicht, Claus/Scherb-Forster, Julia: Zusatzstoffe und wie Zusatzstoffe verwendete Lebensmittel, unter: http://www.vis.bayern.de/ernaehrung/lebensmittelsicherheit/kennzeichnung/zusatzstoffe_allg.htm. (aufgerufen 08.05.2017).
Schneider, Felicitas: Lebensmittel im Abfall – mehr als eine technische Herausforderung, in: Online-Fachzeitschrift des Bundesministeriums für Land- und Forstwirtschaft, Umwelt und Wasserwirtschaft, Jahrgang 2009.
Schubert, Heidrun: Warum italienische Tomaten auch aus China kommen können, unter: http://www.augsburger-allgemeine.de/wirtschaft/Warum-italienische-Tomaten-auch-aus-China-kommen-koennen-id35683857.html (aufgerufen 08.05.2017).
Schürz, Claudia: Billige Tomaten hier – moderne Sklaverei dort, unter: http://www.arbeit-wirtschaft.at/servlet/ContentServer?pagename=X03/Page/Index&n=X03_0.a&cid=1309863404502 (aufgerufen 08.05.2017).
Spiegel-Online: Heftiger Artenschwund in Europas Gewässern, unter: http://www.spiegel.de/wissenschaft/natur/rote-liste-heftiger-artenschwund-in-europas-gewaessern-a-799169.html (aufgerufen 08.05.2017).
Staffler, Simon: Mündliche Mitteilung vom 18.01.2017.
Steirische Spezialitäten Magazin: Steirisches Kürbiskernöl g.g.A., unter: https://www.steirische-spezialitaeten.at/kulinarik/steirisches-kuerbiskernoel-gga.html#Geschichte Kürbiskernöl (aufgerufen 08.05.2017).
Straub, Jürgen: Fakten zum Tierwohl bei McDonald's – Teil 1: Rindfleisch, unter: http://www.change-m.de/2016/06/27/fakten-zum-tierwohl-bei-mcdonalds-rindfleisch/ (aufgerufen 08.05.2017).
Taz.de: Grün, beliebt, zerstörerisch. Avocado-Anbau in Mexiko, unter: http://www.taz.de/!5339410/ (aufgerufen 08.05.2017).
T-Online: Unbehandelte Orangenschale nicht zum Kochen und Backen geeignet, unter: http://www.t-online.de/gesundheit/ernaehrung/id_62017184/lebensmittel-unbehandelte-orangenschale-sollte-nicht-zum-verfeinern-verwendet-werden-.html (aufgerufen 08.05.2017).
Umweltbundesamt: Tierarzneimittel in der Umwelt, unter: http://www.umweltbundesamt.de/themen/boden-landwirtschaft/umweltbelastungen-der-landwirtschaft/tierarzneimittel (aufgerufen 08.05.2017).
United Nations Convention to Combat Desertification (UNCCD): High prices on commodity market, unter: www.unccd.int/en/programmes/Thematic-Priorities/Food-Sec/Pages/Wors-Fact.aspx (aufgerufen 08.05.2017).
United Nations Environment Programme (UNEP): The environmental food crisis. The environment's role in averting future food crises. A UNEP rapid response assessment, unter: http://old.unep-wcmc.org/medialibrary/2010/09/07/51d38855/FoodCrisis.pdf (aufgerufen 08.05.2017).
Vanille-Blog: Vanille Marktbericht Herbst 2015, unter: http://www.vanille-shop.de/blog/tag/madagaskar-vanille/ (aufgerufen 08.05.2017).
Verbraucherzentralen Hessen, Niedersachsen, Nordrhein-Westfalen, Saarland und Schleswig-Holstein (Hrsg.): Flugimporte von Lebensmitteln und Blumen nach Deutschland. Eine Untersuchung im Auftrag der Verbraucherzentralen, unter: https://www.verbraucher.de/mediabig/165531A.pdf (aufgerufen 08.05.2017)
Warum gilt Schweinefleisch als „ungesund"? unter: http://www.gesundheitsweblog.de/warum-schweinefleisch-ungesund/ (aufgerufen 08.05.2017)
Warum Sie Kürbiskernöl verwenden sollten, unter: http://www.themenschwerpunkte.com/gesundheit/ernaehrung/kuerbiskernoel.php (aufgerufen 08.05.2017).
Welthungerhilfe: Hunger – Ausmaß, Verbreitung, Ursachen. Die häufigsten Fragen zum Thema, unter: http://www.welthungerhilfe.de/fileadmin/user_upload/Themen/Hunger/Hunger_Factsheet_5_2015.pdf (aufgerufen 08.05.2017).
Wissenschaft öffentlich (Universität Bielefeld): Gentechnik, unter: https://www.uni-bielefeld.de/Universitaet/Einrichtungen/Zentrale%20Institute/IWT/FWG/Paradys/Gentechnik.html (aufgerufen 08.05.2017).
World Commission on Environment and Development: Our Common Future (The Brundtland Report), 1987.
WWF (World Wide Fund for Nature) Deutschland (Hrsg.): Das große Fressen. Wie unsere Ernährungsgewohnheiten den Planeten gefährden, Berlin 2015.
WWF (World Wide Fund for Nature) Deutschland (Hrsg.): Fleisch frisst Land, Berlin 2014.
WWF (World Wide Fund for Nature) Deutschland (Hrsg.): Klimawandel auf dem Teller, Berlin 2012.
WWF (World Wide Fund for Nature) Deutschland (Hrsg.): Wie viel Fleisch essen wir und woher kommt das Fleisch? Berlin 2011.
WWF (World Wide Fund for Nature) Schweiz (Hrsg.): Der ökologische Fußabdruck. Dossier für Lehrpersonen, Zürich 2009.

WEITERFÜHRENDE LINKS

www.entega.de/blog/menue-der-co2emissionen, www.foodsharing.de, www.fibl.ch, http://www.footprintnetwork.org/, www.4p1000.org, www.natureandmore.com, www.weltagrarbericht.de, http://www.footprintnetwork.org/, www.gesundheitsforschung-bmbf.de, https://www.lebensmittellexikon.de/, http://www.bioland.de/start.html, http://www.wwf.de/, https://www.bewusstkaufen.at/ https://www.zentrum-der-gesundheit.de, http://www.oeko-fair.de, http://eatsmarter.de/, www.steirisches-kuerbiskernoel.eu, http://lebensmittel-warenkunde.de/, https://www.echt-bio.de/, http://www.was-steht-auf-dem-ei.de/